吳志斌 著

文評武論

第一冊

用武連原題

大公報 出版有限公司

序

愛國護港　初心如磐

利於國者愛之，害於國者惡之。吳志斌先生是我的文友。在與他的交往中，總能從他直言快語中感受到愛國愛港的情懷。

身為中國僑聯委員、安徽省政協委員、香港安徽聯誼總會常務副會長的吳志斌先生，秉承心有大我、至誠報國的愛國志向，樹立國家觀念和大局意識，站在國家和香港整體的高度來觀察問題、思考問題，不僅身體力行投身公益事業、承擔社會責任，而且還積極發聲，撰寫評論文章，既在重大問題上向香港市民解釋中央的原則立場，引導社會務實討論、凝聚共識，又主動批駁各種破壞法治、搞亂香港的錯誤言行，並積極向特區政府提出建設性的意見建議。

今次集結成冊的文章，正是吳志斌先生筆耕以來的精品佳作。這些文章不是人云亦云的轉述，不是自說自話的講理，而是緊緊抓住社會上最新出現的現象及公眾共同關注的問題。為使自己保持對社會的敏銳感知，他很注重調查研究，深入社會各界了解社情民意，力求使自己的文章更加貼近讀者。一些來自一線的命題，也常常使其文章觀點平輿論之先。讀罷這些文章，不禁讓人讚嘆作者立論方向之大氣宏闊、觀察角度之獨到精闢，更能從字裏行間深切感受到作者愛國愛港之拳拳赤子心、殷殷桑梓情。

愛國，是人世間最深沉、最持久的情感，在不同歷史時期有不同的內涵。近段時間，圍繞「愛國者治港」話題，香港社會展開了熱烈而充分的討論。實際上，愛國是一個人的立德之源、立功之本，是我們民族精神的核心和砥礪前行的精神依靠。它不僅是治港者的最底線標準，同樣也是對每一個國人、每一個港人的最基本要求。

　　換言之，我們不僅需要堅定不移地落實「愛國者治港」，還應當堂堂正正地宣導「愛國者護港」。在關乎香港前途命運的大是大非的問題上，需要千千萬萬像吳志斌先生這樣視野開闊、見解獨到的愛國愛港者，洞察大局，堅定立場，主動發聲，激濁揚清，弘揚正氣，彙聚愛國愛港強大正能量，護佑香港社會的和諧穩定。

　　當下，粵港澳大灣區建設已經駛入快車道，香港在國家經濟發展和對外開放格局中的地位和作用空前提升。近段時間以來，中央推出的一系列惠港利民措施也相繼落地，尤其是不久前頒布的《全面深化前海深港現代服務業合作區改革開放方案》，正是對香港釋放的重大政策利好，必將為香港的各方面建設拓展新空間、注入新動能、提供新機遇。

　　可以說，目前香港社會已經實現由亂轉治，正在開啟由治及興新進程。但也應當看到，外部勢力利用香港干預中國內政的企圖不會完全消亡，相當長一段時間內，香港社會仍然會有一些這樣、那樣的雜音。

　　值此重要關頭，亟需一大批矢志不渝、初心如磐的「愛國護港者」，一方面在紛繁複雜的輿論環境中，勇於亮劍，揭示真相，正本清源，用實際行動向一切損害香港繁榮穩定、挑戰「一國兩制」原則底線的行為堅決說不；另一方面則充分發揮獨特優勢，推動各界加強溝通、促進交流、求同存異、增進共識，努力尋求最大公約數，為破解改革開放和粵港澳大灣

區建設中的難題和障礙、推動「一國兩制」偉大實踐行穩致遠，積極建言獻策。

　　新時代呼喚新作為。期待吳志斌先生繼續不遺餘力，書寫錦繡文章，抒發家國情懷，鼓舞士氣，成風化人，為營造良好發展氛圍、實現香港繁榮穩定貢獻更大力量。也期待香港在主動融入國家發展大潮中，共用機遇、共擘新卷、共贏未來，實現新一輪騰飛。東方之珠必將再次綻放出令世人驚艷的光芒。

姜在忠
全國政協委員、香港大公文匯傳媒集團董事長
《大公報》、香港《文匯報》社長

序

第一章 〔思想縱橫〕

第二章　〔政策解讀〕

第三章　〔**時事銳評**〕

第四章　〔**思海拾貝**〕

思想
縦横

解矛盾懲首惡　重建香港繁榮

　　400 場大大小小的示威遊行集會，超過 1100 人受傷，各區多處商場、逾半港鐵車站被搶砸⋯⋯四個月來，暴亂衝擊已經如同家常便飯一般，幾乎每天都在上演。如今，《禁止蒙面規例》已經實施，這是止暴制亂的重要時機。值此關鍵時刻，我們更應該認真審視當下導致香港亂局的本質，對其進行更精準的剖析，並逐一攻克。

　　在我看來，面對當前的香港局勢，我們要做的就是揭露、孤立、嚴懲首惡分子；動搖、分化、瓦解中堅分子；同時，爭取團結廣大市民。在此基礎上，政府應盡快推出執法、檢控相關措施，將對首惡分子、中堅分子的懲治盡快落到實處，滅掉暴力分子囂張氣焰。

　　止暴制亂是香港恢復法治、重建繁榮穩定的首要任務。持續逾四個月的暴亂，讓民眾陷入「黑色恐怖」。暴亂背後的策劃、組織、指揮者，其身份和真正意圖已被徹底揭露，廣大市民看清他們為其一己和背後政治勢力的私欲，棄香港發展和港人安寧生活於不顧的真實面目。這些首惡應該受到法律的嚴懲。

　　如今的現實卻是，這些首惡分子不僅未受到應有的法律制裁，還大搖大擺、毫無受限地到外國唱衰香港，讓暴亂氣焰更加囂張。對此，我們除了道德上的譴責，更應發揮香港的法治力量，嚴懲這些首惡分子，絕不容忍這些首惡分子繼續胡作非為。

瓦解中堅層層擊破

　　蒙面暴徒給香港造成了無法挽回的重創。他們襲擊警員、「私了」普通市民，

縱火焚燒港鐵和銀行等，罪行罄竹難書。他們以為靠蒙面就可以很好地隱藏身份，就可以逃避法律的制裁，就可以一次又一次毫無底線地進行各種毀滅性破壞。《禁止蒙面規例》的實施，可以說是給蒙面暴徒的一記當頭棒喝。政府還應藉此機會，給予警方等明確指引和全面權力，力爭《禁止蒙面規例》達到精準打擊的效果。

而我們在攻克這部分暴亂中堅力量時，還要採取與首惡分子不同的應對策略。他們可能只是受人指使的槍手，只是替首惡分子衝鋒陷陣的棋子。這部分人中有不少人是因無知被利用、或被金錢迷惑，從而為了眼前的利益，而做出可能讓自己陷入牢獄之災的愚蠢行為。我們應該用法律的制裁和現實的教訓不斷分化他們，並逐層攻克、逐層瓦解，從而削弱首惡分子可以支配的暴亂力量。

作為香港真正主人的廣大市民，應該相信國家，相信特首帶領的特區政府，相信香港警方、律政司和司法機構，因為只有社會各界齊心協力抵制暴力，香港才有能力止暴制亂，恢復往日。

現在，依舊有不少市民，認為事不關己，更有不少教會、學校等機構以及部分聲稱「和理非」的市民，為暴徒提供庇護、仇警、批評政府。香港無一日安寧，市民的生活就無一日保障，甚至最終亦難免淪為暴力的犧牲品。對於這部分民眾，我們應該進行耐心溝通，讓他們知道，姑息養奸只會助長暴亂勢力更加猖獗。支持政府和警隊共同打擊暴力，才是對自己利益最有利的保障。

香港明日的安寧，少不了每一位香港市民的助力，我們要團結一切可以團結的力量共同築起守護香港繁榮穩定的堅實城牆，共同抵抗暴力，早日還香港安寧繁榮。

香港必須與國家相向而行

全國人大以極高票數通過制定港區國安法的決定，香港社會對「決定」有各種反應，歡欣鼓舞者有之，抹黑攻擊者有之，疑惑憂慮者有之。國務院港澳辦副主任張曉明在香港基本法頒布 30 周年網上研討會上，以「打開天窗說亮話」的方式，直指香港主要問題實質上是「政治問題」，其集中體現是，在建設一個什麼樣的香港這個根本問題上，存在嚴重分歧甚至對立。這是影響「一國兩制」全面準確實施和香港保持長期繁榮穩定的主要矛盾，香港社會政治生活中的亂象和一些社會矛盾的激化，都是由這個主要矛盾決定的。

縱觀張曉明的講話，在圍繞四個「為什麼」的問題上，他不僅指出「反對派及其背後的外部勢力企圖把香港變成一個獨立或半獨立的政治實體，變成一個反華反共的橋頭堡，變成外部勢力一枚牽制和遏制中國發展的棋子」這一導致香港亂局的根源和本質。也指出香港社會長期存在的一個深層次問題，即「香港一些市民對國家的了解和信任問題，特別是對內地法治狀況缺乏了解和信任的問題」。他還意味深長地說道：「香港社會不少人已在展望 2047 年後『一國兩制』的前途命運，我們確實要考慮一下，香港拿什麼樣的紀錄來獲得屆時全國人民代表大會及其代表的全國人民的新的授權呢？」

類似的話語，張曉明等中央官員曾經說過，但從來不像今次這般直言不諱、一針見血。在一萬多字的發言中，蘊含着太多關係香港未來前途命運的關鍵信息「密碼」，值得港人細細品味深思。如同張曉明在發言最後所言：在香港再次面臨何去何從關鍵選擇的時刻，我們確實更需要集體理性。

不能與內地隔絕自成「孤島」

筆者以為，作為每一位真心為香港，真正擁護「一國兩制」的市民，此時此刻需要集體理性地思考這麼一個問題：香港是要與內地隔絕自成「孤島」，還是與國家相向而行共享繁榮？

香港回歸已有 23 年，「一國兩制」實踐已進入中期階段。作為前無古人的創舉，它所取得的成功已載入史冊。但是，毋庸諱言的是，反對派政客、分離主義勢力和特定立場傳媒長期「污名化」、「妖魔化」國家，甚至刻意製造兩地對立撕裂，香港社會對國家出現了一定程度的「排斥性」，甚至仇中反中的極端現象。

更令人擔憂的是，去年「修例風波」將街頭暴力、本土恐怖主義活動、「港獨」主張等違法行為推向極致，嚴重危害社會穩定、經濟繁榮和公共安全，而且突破了「一國兩制」底線，嚴重危害國家安全，使香港出現回歸以來最嚴峻的局面。如果任由香港局勢在反對派和一些外部勢力主導下發展下去，那麼香港不僅繁榮穩定難以為繼，「一國兩制」也可能被他們毀於一旦。

透過現象看本質，認清了這些，把香港問題的本質點破、說透，不諱疾忌醫，敢於直面所存在的主要矛盾和問題，才有可能找到正確的根治辦法，才有可能在香港「二次回歸」的過程中找到真正的發展方向。做到理性思考，才能不被各種似是而非甚至顛倒是非的觀點所迷惑，不被各種危言聳聽的言論甚至謠言所煽惑。這在當下的香港極為重要。

大公報｜2020-6-10 報章｜A12｜評論｜議事論事｜

6 月 10 日｜中通社《香港新聞網》轉載

鍾氏民意　能讓泛民　挾民意以留議會嗎？

全國人大常委會全票通過決定，現屆立法會繼續履行職責至少一年，意味着原班人馬全部延任，包括四名被 DQ 參選資格的現屆議員。然而，傳統反對派與攬炒派就是否留任出現嚴重分化。

傳統反對派上周一發表聲明，指大部分議員傾向留任。消息一出，攬炒派強烈反彈。在輿論壓力下，傳統反對派立即轉軚，表示將委託「民研」進行調查，並以民調結果為基礎，決定未來一年是否留任。民主黨主席胡志偉稱，會採納鍾庭耀提出的「雙門檻」建議，即服膺於整體受訪者過半數有同一傾向（去或留），或反對派支持者中，超過三分之二有同一傾向。

傳統反對派既不想放棄立法會的豐厚薪津，卻又擔心惹怒攬炒派日後被狙擊，於是只好炮製一個民調來為留任找下台階。然而，民調結果真的能讓傳統反對派得償所願嗎？從民主黨選擇「民研」負責民調開始，就注定結果將向攬炒派有利的方向發展。

熟悉鍾庭耀的人都知道，他主持的民調完全是為了政治服務。尤其是每每在政治風波爆發之時，「鍾氏民調」都會扮演引導、偽造民意的角色，其偏頗、不科學，過去早有大量明證。

而鍾庭耀與戴耀廷的密切關係也是人盡皆知。戴耀廷策動多項操控選舉的行動，皆有「鍾氏民調」積極配合，他們表面上用民調、投票等方法為反對派在選舉時作出策略性「配票」，實質在他們的操控下，扶持攬炒派，逐步將傳統反對派邊緣化。

事實上，鍾庭耀早前發布的民調已見端倪。就「全體立法會議員應否延任」

的問題，「民研」發現反對派支持者當中，僅 20% 支持延任，63% 表示反對。民主黨認為，攬炒派發動大量網民參與投票，而且樣本數量僅得一千個，不能作準，準備委託「民研」進行第二次民間調查，樣本要達到二千個。民主黨認為要調查全體香港市民的意見。即是說，如果只在支持攬炒派的選民中間進行調查，傳統反對派必輸無疑，若果加入了其他的選民，則可能扭轉必輸之局。

民主黨的想法只能是一廂情願。有攬炒派站在「道德高地」炮轟阻擊，有「鍾氏民調」的暗中配合，可以預見，在下次民調中，反對延任者仍很可能佔多數，民主黨對此不會不知，但很難不服膺於「民調結果」。然而，「總辭」對於反對派議員來說是一條「不歸路」。早前經過戴耀廷精心策劃的「初選」洗牌，傳統反對派已被攬炒派取而代之，如今更利用「總辭」借刀殺人。傳統反對派若不痛下決心與攬炒派割席，就只會落得替他人作嫁衣裳的下場，加速被邊緣化甚至亡黨。

大公報｜2020-08-26 報章｜A13｜評論｜焦點評論

8 月 25 日｜中通社《香港新聞網》轉載

反對派勿自我墮落成「敵對派」

7月31日，行政長官林鄭月娥宣布因受新冠疫情的影響，決定援引「緊急法」，將立法會選舉押後一年。8月11日，全國人大常委會作出決定，現屆立法會議員延任一年，繼續履行職責。

然而，這一以民生安全為旨的決策並未在香港社會得到全面的理解，更出現種種攻擊和陰謀論。這一情況，一方面折射出自「修例風波」以來香港社會尚未消散的政治迷霧，另一方面也暴露出在疫情面前，社會缺乏應有的凝聚力。

但是，押後立法會選舉究竟意味着什麼？或者說，對於反對派和建制派而言，延遲立法會的選舉，如何轉化為自我建設和發展的機遇，這是更值得關注和反思的問題。

首先，傳統反對派必須有勇氣和意識與「激進派」和「亂港派」割席，回歸基本法的框架下，為經濟民生出謀劃策。但這一前提在於，反對派必須明白，所謂的民主不是「逢中必反」，更不是「攬炒香港」。從某種程度而言，反對派是有其一定貢獻的，並且在社會成分和意見反應上，也具有相對的代表性。反對派的聲音，成為理解香港社會的另一扇窗口。但是，在「佔中」之後，反對派漸漸淪為了「為反對而反對」、「為反對而亂港」的「激進反對派」，根本看不到他們「民主」的身影了。

其次，反對派不應自我淪為「敵對派」。像黃之鋒、羅冠聰之流的種種與外國勢力勾結、亂港賣國的漢奸所為，實則是披着「反對派」外衣的「敵對派」代表。他們的目的就是在經濟上拖垮香港民生，在政治上將香港變成反中亂港、顏

色革命的橋頭堡。因此，我們必須將他們從反對派中剝離出來，予以嚴厲打擊。12 名反對派立法會選舉參選人之所以遭到 DQ，就是因為他們的政治立場與對香港敵對的行為，從根本上威脅到了香港穩定和國家安全。同時，我們也要為「忠誠反對派」的存在創造空間。

「忠誠反對派」一詞的提出，在本質上是呼籲反對派應找準自己的位置，守住自己的底線。所謂忠誠，是對國家的忠誠，是對特區政府和基本法的忠誠，更是對香港社會的忠誠。正如國務院港澳辦副主任張曉明所言：「制訂香港國安法絕對不是把香港反對派陣營或者泛民主派陣營作為一個『假想敵』」。

最後，建制派精英也必須反思工作是否有不足？去年區議會選舉，打着「保民生」、「反暴力」口號的建制派敗於「攬炒黑暴」的反對派。建制派的敗北雖是受「修例風波」影響，卻也充分反映出一些問題。一方面，建制派疲於應對反對派的政治攻擊，致使其在落實民生政策、促進產業升級和推動社會改革等實質建設方面，頗顯乏力；另一方面，幾年來，一些建制派的處事作風過於保守。缺乏更有效的溝通和對社會民情的精準把握，使得建制派對香港社會亂局的認識，受到影響。特別是當特區政府在施政上進退兩難時，建制派也變得無所適從，一方面要迎合、支持政府，另一方面又要應對與反對派的鬥爭，當兩者矛盾之時，它必然陷於漩渦。

對於建制派而言，延遲立法會選舉，既是難得的機遇又是嚴峻的挑戰。具體來說，建制派在支持政府依法施政之際，也要有自己明確的思想主張、政治措施和政論方向。在與反對派鬥爭的同時，也要做到準確把握大局，及時做出具有前瞻性的反擊，化被動為主動，甚至還可以從反對派的聲音中了解民生和民情，提出更切合香港社會和市民的施政主張，重拾大眾民心。

　　總之，香港的建制派，當要成為香港社會的「建設派」，為政治提供建設性意見，為社會實施建設性舉措，真正做到為香港市民辦實事，辦好事，辦成事。這是建制派結構性自我革新的要務所在。

大公報 | 2020-09-01 報章 | A12 | 評論 | 焦點評論 |

築起三道「安全門」 為大學消「獨」

　　香港各大專院校本月初以網上授學形式開啟了新一學年。然而，在新冠肺炎疫情尚未受控之際，「政治病毒」又在校園悄然抬頭，意圖再次將校園變成政治角力場。近日，港大一則迎新影片，暴露出「修例風波」之後，香港大專院校尚未清除政治迷障。

　　該影片透過校園電台公開傳播，內容肆意抹黑內地學生和國家形象，為「港獨」「招魂」。這種亂象使我們不得不重新思考，香港的大學如何可以真正地做到「讓教育回歸教育」，以杜絕反中亂港分子利用學生作為自身政治牟利的「替罪羊」，將校園變成反中亂港橋頭堡。

對無德教師零容忍

　　大學本應是傳道授業解惑的育人之地，絕非播「獨」洗腦之所，更不應成為反中亂港橋頭堡。教職員是大學運作的核心，對其思想肅正是替校園消「獨」的第一步。非法「佔中」發起人戴耀廷，身為港大法律學院副教授，卻鼓吹「違法達義」的歪理邪說、策劃操控選舉的「雷動」和「風雲」計劃；當香港受到黑暴和疫情雙重打擊，經濟陷入衰退時，他仍不忘策動非法「初選」圖謀奪權。然而，港大管理層一直對戴耀廷的惡行視而不見，直至今年7月，港大校務委員會才將這顆「毒瘤」徹底清理出校園。

　　古語云「學高為師，身正為範」，像戴耀廷般披着學術外衣，無視「一國兩制」、憲法、基本法和本地法律，明目張膽販賣「港獨」毒藥的無德教師，大學必須採取零容忍態度，絕不姑息，為杜絕顛覆勢力入侵校園把好第一道「安全

門」。

把好大學第二道「安全門」，必須對學生會做好監督工作。香港的大學學生會是一個獨立於大學行政結構的註冊組織，擁有財政自主和明確的政治訴求。在鼓勵和支持學生會以獨立自主的姿態思考社會政治議題的同時，也必須要使學生團體意識到，學生會的運作不能獨立於「一國兩制」的框架，更不能自由地與「港獨」勢力同流合污，一同走向「毒」途末路。

5月21日，港大學生會選舉的時候，候選會長葉芷琳妄稱：「『港獨』是最理想的出路」；6月9日，理工大學學生會發起「和你貼」，在校內「民主牆」張貼「港獨」標語和文宣。遭到學校管理層的多次警告和清理後，學生會又以所謂「打壓言論自由」和「實行洗腦教育」為由，公開控訴校方。

大學時期是個體走向成年、邁入社會的關鍵時期，更是三觀形成的重要階段。亂港分子恰恰是趁大學生思想尚未成熟和血氣方剛，向他們灌輸反中亂港、「港獨」等意識，煽動他們成為暴亂和本土恐怖主義行為的「衝鋒隊」。所以，如何讓香港大專院校學生會能自覺地與黑暴勢力、亂港分子割席，回歸到基本法的前提下，為香港社會發展而同心同德，這是擺在各界有識之士面前的一場考驗。

樹立正確的愛國愛港教育觀是把好大專院校的第三道「安全門」。香港八大院校一直以學術包容和文化多元備受國際讚譽。但也必須意識到，對於許多香港本地學生，對國家的認知始終是從媒體報道中得知的模糊影像。尤其是，具有民族認同的通識教育之缺乏和「去殖民」工程的未完成，導致部分香港學生始終對西方文化和價值觀有着莫名的崇拜，卻把國家錯誤地與「經濟落後」等負面形象畫上等號。故此，大專院校在課程方面做到去除西方中心主義價值理念，推動中華傳統文化普及，創造機會讓本土學生親赴內地交流，感受祖國山河人文，以情

感認同和文化認同作基礎，樹立正確的政治判斷，明辨善惡是非，使自己成為香港青年在精神上回歸中華故土的　座精神橋樑。

大公報 | 2020-09-15 報章 | A12 | 評論 | 焦點評論 |

9 月 15 日 | 中通社《香港新聞網》轉載

救香港必須為校園徹底排「獨」消「獨」

自去年中大、理大被佔領成為「黑暴兵工廠」後，香港各大高校修建閘機，聘請全天候安保，防止暴徒再次破校而入，滋事生非。然而，持證入校園只是高校整治亂象的一種工作形式，如何為香港教育來一場去疴除弊、刮骨療「獨」的改革，既去「黃色」又除「殖民化」，更是迫在眉睫，刻不容緩。

雖然在國安法施行之後，絕大部分亂港分子四處竄逃，作鳥獸散，但是各大高校的學生會卻在開學復課之後，藉着「迎新」之名，挑動對內地和特區政府的仇恨，播「獨」洗腦，惡意抹黑國安法，試圖培養新一代的「反中」接班人。

大學學生會成黑暴溫床

9月11日，香港大學學生會會長葉芷琳發表迎新詞，大放厥詞，顛倒黑白，污衊香港警察為「黑警」、「圍攻大學、無差別攻擊市民」。她公然指責港大辭退戴耀廷一事是「肆意踐踏學術自由」，「令港大名譽掃地」。此外，葉芷琳還不忘「煽情立志」，鼓動新生應該與學生會一起，為捍衛香港的民主自由，「衝鋒陷陣，挺身而出」。如此賣港求榮的言辭和跳樑小丑般的嘴臉，暴露出香港高校學生會，早已被「港獨」思想侵襲得千瘡百孔，潰爛不堪，成為反中亂港的馬前卒和滋生校園黑恐事件的大溫床。

大學本是學生接受教育，成才成人的聖地，絕不是搞事分子玩弄街頭政治的「雜技場」。香港高校學生會淪落至此，與攬炒派在資金輸送和政治扶持等方面裏應外合密不可分。近些年來，亂港政客以提供從政選舉資金和介紹歐美高校留學為誘餌，打入學生會內部，暗中培養自己的「新血」。

　　2019 年 9 月，煽動學生罷課的「港獨」組織、前「香港眾志」骨幹羅冠聰跑路美國，入讀耶魯大學，便是「鬧而優則留學」的典型案例。羅冠聰入讀耶魯的每一份「履歷」都記載着其「搞事」的劣跡：2014 年，羅冠聰在中聯辦前示威，焚燒《一國兩制白皮書》，隨後主持「佔中預演」、「學界大罷課」以及「重奪公民廣場」行動。2016 年，羅冠聰與黃之鋒、周庭等人成立「香港眾志」並在美國史丹福大學發表「香港自決」的演講。而在去年「修例風波」中，他更是不甘寂寞，一方面向美國國家民主基金會和美國駐港澳總領事館搖尾乞憐，呼籲美國插手香港事務；另一方面他更是「呼風喚雨」地動員在校生罷課抗議，暴力示威，踩着無知學生的肩膀，扶搖直上美國名校。

　　羅冠聰的「成功」逆襲早有先例，如非法「佔中」的周永康、提出「光復香港時代革命」的梁天琦以及勾結「台獨」的黃台仰，都是以搞亂香港為籌碼獲得歐美名校深造的「紅利」。

　　我們必須意識到，斬斷攬炒派「黃化」學生會的渠道，割斷學生會幹事「反中」的選舉傳統，使得學生的社團參與和政治思考與「一國兩制」相適宜，在遵法守法的前提下，培養「愛國者治港」的國安意識，這是校園內部消「獨」必須要解決的難題之一，亦是大學校董會，管理層不可迴避且必須解決的當務之急！

　　另一棵茶毒香港校園的大毒草便是打着專業團體旗號卻政治上腦的「黃師組織」。除了飽受批評的「香港教育專業人員協會」，近年來，新進的激進組織如「進步教師同盟」和「全民教育局」早已與攬炒派沆瀣一氣，裏應外合地滲透「分裂」政治進校園。

　　今年三月，「進師盟」和「全民教育局」聯手炮製了《香港中小學教育專業面對政治壓迫報告 2020》一文，抹黑特區政府施政，並聲稱香港教育界的專業自主和權利遭到了中央的「侵蝕」，甚至還揚言要求美國在其年檢報告上，出手制

裁中國，使之「停止一切針對教育界和學術界的政治打壓和審查」。此外，他們還發動和某個下屬對港識別教科書送檢的聯合抗議活動。「進師盟」的核心成員如孔令暉、吳美蘭、郭思齊、盧日高等人，皆是在香港中學任教的老師。

這些「黃師」利用講台布道播「獨」，煽動仇恨，操縱香港未成年學生淪為其政治利益博弈的棋子，為他們反中亂港的堡壘建設埋下伏筆。教師團體中的「獨根」一日不拔，香港教育的改革便是寸步難行。

不除「黃師」改革寸步難行

再如去年8月，在一次以「暑期課外研討會」為名的中學生「反修例集會」中，「進師盟」成員戚本盛威逼未經世事的學生，聲稱學生若不關心和參與香港當下的政治，就是一個「自私的人」，甚至又實行「道德綁架」，鼓吹學生必須反思「政府的正當性」。這或許就不難解釋，為什麼在去年「佔領理工」的黑暴事件中，竟然有數百名未成年學生參與其中，成為捍衛暴力破壞及「攬炒」理念的「炮灰」。

救香港，就必須救教育。淨化教師隊伍和從業團體，是一場必然降臨的，自上而下的排「獨」審判和消「獨」革命；將國民教育和去殖訴求相結合，是香港教育各個層次的辦學目標和育人宗旨。唯有如此，香港的教育才能從亂象的「榮光」走向和諧的「國安」。

大公報丨2020-09-23 報章丨A12丨評論丨焦點評論丨

9 月 22 日丨中通社《香港新聞網》轉載

9 月 23-14 日丨澳門《濠江新聞》新媒體和紙質版轉載

9 月 24 日丨澳門《大眾報》轉載

愛國應是香港學生的義務而非選擇

中聯辦主任駱惠寧日前在慶祝中華人民共和國成立 71 周年大會上致辭時指出，面對日益嚴峻複雜的國際局勢，香港比任何時候都更加需要偉大祖國的肩膀，比任何時候都應該強調對國家的責任擔當。

他強調：「在香港增強國家意識、弘揚家國情懷，仍是十分重大而緊迫的問題。」駱主任的講話對解決當前香港的校園及教育亂象具有極強的現實與指導意義。

助青年牢樹國家意識

去年 8 月，所謂的「香港大專學界國際事務代表團」舉行集會，乞求英美兩國插手干預香港事務、制裁特區官員。參與集會的人高舉英國旗、美國旗、「龍獅旗」，展示其與「中央對立」、分裂國家的險惡用心。

試問這個世界上有哪個地方的民眾，是以成為被殖民者和二等國民來實現政治訴求？他們自我標榜為「香港人」，另一方面又為西方殖民正名招魂，這種數典忘祖、分裂國家的行徑，毫無疑問是賣國求榮。

自第一次鴉片戰爭後，清廷在西方列強的船堅炮利下被迫開國，先後三次承受屈辱簽下不平等條約，香港被迫離開祖國長逾一百五十年。

但港英並無法割斷香港與祖國的血緣脈絡和歷史共頻。在內憂外患的戰爭年代，香港愛國人士為民族解放事業出資出力，戰後大批南下文人為香港共築華語文化繁榮，六七十年代港滬粵三地的經濟聯動也為兩地發展奠定實質基礎。

1997 年 7 月 1 日香港回歸祖國，在基本法框架下實踐「一國兩制」、「港人

治港」、高度自治,香港擺脫了低人一等的壓迫境地,與中華民族復興的偉大征
程同呼吸、共命運。改革開放之中的祖國以優厚待遇和紅利政策,吸引了廣大愛
國港胞,身赴內地投資商貿,辦學興教,在政治、文化、經濟等多個層面,主動
承擔建設祖國的偉大責任,自豪共享民族富強的世界榮光。

然而多年來,香港部分校園由「黃色」教師組織、學生會把持,加上偏頗的
通識教材刻意隱瞞歷史真相,醜化國家形象,使部分年輕人對祖國冷漠反感,甚
至不惜違法入獄為西方勢力搖旗鼓噪。

與此同時,攬炒派勾結外部勢力,打着「民主自由」旗號,放大扭曲現實政
治問題,甚至企圖通過歪曲「兩制」來對抗「一國」,意圖脫離「一國」謀求「自
治」、「獨立」。從 2003 年開始,香港逐漸在「泛政治化」的風暴中淪陷,在
獅子山下以拚搏和諧成名的香港,變成了個別人士謀取私利的「攬炒之地」;年
輕一代普遍缺失國家意識和身份認同,甚至自淪為反中亂港勢力操控的棋子和棄
子。

港人應清醒認識到,香港與國家是「命運共同體」,特區與國家一榮俱榮、
一損俱損。香港不可能離開國家來談發展!香港青年更必須清楚地意識到,先有
「一國之本」才有「兩制之利」,以「兩制」為藉口來分裂國家、顛覆中央政府,
是倒行逆施,不得民心。

飲水應思源,發展需念國。正如中聯辦主任駱惠寧所指:「身為中國人,愛
國不是一種選擇,而是一種義務,更是一條正道」。樹立國家意識,弘揚家國情
懷,堅守「一國之本」,這是香港跳出暴力政爭泥潭,重新再出發的關鍵所在。

校園消「獨」刻不容緩

　　如果說，抓好校園三道「安全門」為的是排查「政治病毒」在高校興風作浪的「地雷」，肅清「黃色」學生會和違法組織為的是斬斷「顏色革命」在學校呼風喚雨的黑手，建立完善的通識教材審查機制為的是清掃「反華」洗腦在課堂播「獨」傳惡的迷障，那麼使香港青年重新樹立正確的國家觀念、國民意識和民族認同，為的是讓中國人身份成為香港未來一代立身行道的生存資本。無國無根無未來，沒有祖國之後盾，何來香港之前行？

　　當前，中美貿易戰演變升級，拉開了「新冷戰」的序幕，在日益嚴峻複雜的國際格局中，作為戰略意義上的橋頭堡，香港不僅需要祖國在政治和經濟上的保護和支持，更需要主動擔負國家發展新征程的義務和責任。沒有祖國的強大，就沒有香港之安寧。

　　為校園消「獨」，最終是為了新一代的香港青年，始終懷揣着家國情懷、國際視野和民族自豪感，樹立愛港愛國的正確觀念，將個人人生價值的實現與民族偉大復興的事業相適宜，在解決香港深層社會矛盾的同時，將愛國主義和民族歸屬感重新鑄就為香港社會政治的基石。

大公報│2020-10-06 報章│A12│評論│焦點評論│

10 月 5 日│中通社《香港新聞網》轉載

深植家國觀念強化履職能力

國慶中秋假期後，本港再次出現新冠肺炎確診個案上升的情況，而且有數名源頭不明感染者，無疑為盡快推出港版健康碼、盡快恢復內地與香港正常通關蒙上了一層陰影。

自疫情爆發以來，特區政府在各邊境管制站實施嚴格防疫措施，導致訪港內地旅客大減，本地旅遊、零售、餐飲、酒店等行業大受打擊，4 至 6 月的失業率創 15 年新高。

國家是香港最堅強的後盾

在黑疫夾擊下，香港像是一個少不更事的年輕人：在關乎國家安全的大是大非面前當斷不斷；在疫情防控上躊躇不前，致使本地疫情至今無法「清零」，無法實現與內地及澳門共頻同步。面對香港深陷「圍城」般的困境，我們需要反思，為什麼香港享受國家那麼多政策紅利和物資扶持後，始終難以有效配合國家相關政治和本地民生工程之展開？

香港自回歸當日起，根據基本法，香港特區實行「一國兩制」、「港人治港」、高度自治，特區享有行政管理權、立法權、獨立的司法權和終審權；香港特區的財政收入全部用於自身需要，不上繳中央政府，中央政府不在香港特區徵稅。內地更與特區簽定 CEPA，大批產品享有「零關稅」優惠、香港專業人士可向內地提供服務。此外，在供水供電及供應日常必需品方面，國家更是以極其優渥的條件提供給香港，甘當其穩定之後盾，力推其發展之前行。

然而，攬炒派乃至被部分外國勢力洗腦的青年，卻以最大的惡意來揣度中央

的善意。他們無視中央維護國家安全、香港繁榮的決心，藉機挑動黑暴與特區政府叫板，抹黑中央政府。

今年 8 月，面對第三波疫情的肆虐橫行，香港公立醫療資源「亮紅燈」，內憂無大規模核酸檢測之手段，外患無醫療技術之支持。在香港社會手足無措的時候，國家衞健委為特區疫情防控工作「開綠燈」，迅速組成兩支支援隊，赴港為特區政府展開「普及社區檢測計劃」和興建方艙醫院提供人力援助、技術指導。

但是，有一小撮亂港分子唯恐天下不亂，惡意將病毒檢測「政治化」，阻止市民參與檢測，並造謠中央政府是打着「抗擊疫情，健康檢測」的口號，收集港人的隱私和身體樣本，目的是為了將港人的「DNA 送中」，建立「香港人基因庫」，以實現政治打壓和監控云云。如此卑劣不堪的言論將個人私利和政黨紛爭凌駕於平民百姓的生命安全之上，實屬「以小人之心，度君子之腹」。

為期 14 天「普及社區檢測計劃」共發現 32 名患者，在防抗疫情、截斷隱形傳播鏈上起了一定作用，但攬炒派卻誣衊計劃是浪費公帑的無用之舉。攬炒派的搗亂，加上個別政府中人的猶豫，令香港無法展開全民強制檢測。如今香港疫情「清零」和恢復兩地正常通關無期，令經濟重啟乏力，這樣的結果是攬炒派一手造成，卻要每一名香港人為之買單。

香港這麼一個被中央寵壞的年輕人，何時才能意識到，中央協助特區展開普檢，宛如慈母為遊子準備的一桌美味佳餚，卻因攬炒派、「黃醫護」從中作梗，導致反應不夠熱烈，美味佳餚變成了「殘羹剩飯」。

在疫情反覆且有源頭不明個案的情況下，不少專家學者提出全民強制檢測之必要性，倘若當局展開強制檢測，但攬炒派繼續造謠，而部分市民又輕信謠言，檢測只會是事倍功半。

公務員須堅定履行憲制責任

他大部分的香港市民，不論在港英時期或是回歸後，一直是心繫家國。特區政府除應對亂港分子妖言惑眾的輿論及行徑，加以實質性懲罰外，更應該帶頭表率，展現出效忠國家、向香港負責的新風貌。

遺憾的是，有部分公務員違反「政治中立」、忘記自身執行政府決策的職責，竟發起政治集會、政治罷工，與暴徒同行。還怎麼希望這些拿着公帑反政府的公僕，可以帶領香港社會與國家同心同德，使國家發展與特區成長同軌同道？

正確的話要大膽地講，愛國的行為要堅決地做。當然，我們也欣喜地看到，特區政府正進行着一場正本清源、撥亂反正、自省自糾的內部改革，在大原則大方向上開始做到不含糊、不退讓、不妥協。

例如公務員事務局要求在7月1日之後新入職的公務人員須簽署聲明或宣誓，表明他們擁護特區基本法，效忠香港特區。雖然簽署聲明和公開宣誓是形式工作，但足以可見，在香港國安法實施之後，特區政府竭力重鑄「國家主義」的決心和魄力。

「君子篤於親，則民興於仁。」香港要有「心智」的成長，首先要從革「心」開始，對內掃「毒」清「獨」，對外嚴懲分裂國家的亂港行為，忠於國家，忠於香港，為國謀發展，為港圖幸福。只有特區政府在「一國兩制」框架下主動承擔國家發展的責任和義務，香港社會才能形成深明國家之情義，懷揣民族之情結的凝聚感和向心。

大公報│2020-10-20 報章│A12│評論│焦點評論│

「黃圈」已到了窮途末路

被譽為「香港名片」的國泰航空早前宣布展開香港史上最大規模的裁員計劃，裁減 5300 名駐港員工，即時停止營運有三十五年歷史的港龍航空，即便是留下的員工也要削減薪酬福利。國泰的重整業務計劃，其漣漪效應便是直接將香港的失業率推高 0.1 至 0.2 個百分點。

國泰撐得過亞洲金融風暴，挺得過沙士的難關，但如今每況愈下，亦要斷尾求生，究其原因，逃不過「人禍」和天災。在黑色暴亂中，以國泰、港龍空中服務員工會與暴徒們裏應外合妨礙機場正常運作；今年二月，國泰工會以政治凌駕專業，發動罷工要求國泰停飛所有內地的航班。當下，全球絕大部分國家和地區的疫情仍未受控，令國泰營運陷入空前困境，觸發了這次的「裁員炸彈」。

然而，對於「黃絲」空中服務員、機師，這次裁員可謂是「求仁得仁」，從「主動罷工」到「無工可罷」，從「和你飛」到「飛不起」，他們提倡的「攬炒香港」，最後變成「攬炒」自己。部分國泰「黃絲」和「黃媒」甚至還在指鹿為馬，聲稱國泰的衰落是因為「國泰早已染紅，向北京跪低了」云云。

國泰這一次被迫「瘦身」為「黃圈」店商敲響喪鐘：沒有了內地遊客和資金的香港市場，無疑是寸步難行，而將消費意願與政治立場綁架，更是自斷水源。

「黃圈」這一概念產生自「修例風波」，攬炒派以二元對立的方式劃分敵我，鼓勵其支持者幫襯政治理念相近的「黃店」，杯葛支持政府止暴制亂的「藍店」）。攬炒派這種「順我者昌，逆我者亡」的暴君邏輯，與 1930 年代納粹德國發動抵制猶太人商店極為相似。

不少「黃店」在「修例風波」期間在店舖內外張貼文宣、設立所謂「連儂牆」，

不斷煽動攬炒派支持者敵視中央和特區政府、仇警、歧視內地民眾。部分被政治意識搞得頭昏腦脹的人，竟然只埋政治立場，不顧食品（或服務）質素，在這些「黃店」外大排長龍，輪候入內幫襯，更有「黃店」推出了以黃之鋒命名的套餐，除博取攬炒派支持者、「港獨」分子幾分好感外，又可以藉機斂財。這些「黃店」的所作所為，無疑是加劇了內地與香港民眾之間的信任危機和認知矛盾。

這些口口聲聲要為「香港獨立」戰鬥到最後一刻的「黃店」終究是敵不過疫情。據入境事務處統計，今年國慶黃金周僅有 658 人次入境香港，相比去年國慶訪港遊客為 67 萬人次，暴跌了 99%。內地資本和人流停滯所帶來的經濟重創，往日擠滿內地遊客的購物區，今日罕見旅客。在經濟瀕臨衰退之時，「黃店」不是選擇退出「黃圈」以自保，就是執笠收場。沒有了中央的政策支持，香港是「無源之水，無本之木」，那些要「攬炒香港」的「黃店」歧視內地民眾，敵視中央和特區政府，無疑是作繭自縛。

新加坡總理李顯龍去年曾指出，新加坡沒有香港幸福，後者有中國內地作為其靠山後盾。新加坡貿工部長陳振聲更認為，香港可坐以待「幣」，因為中央政府不會棄香港於不顧。自 1997 年到 2003 年，星港兩地經歷金融風暴和沙士疫情，皆受巨大打擊，唯有香港依賴內地自由行政策和國家紅利，零售旅遊業迅速反彈，大量內地企業來港上市，為金融創造發展空間。沒有中央對香港的關顧，哪裏有香港今天的繁榮穩定？攬炒派鼓動「攬炒香港」，最終只是炒了自己的「命」，斷了香港的「路」。

大公報 | 2020-11-05 報章 | A12 | 評論 | 焦點評論

11 月 3 日 | 中通社《香港新聞網》轉載

培養有家國情懷的香港青年

12 月 13 日是南京大屠殺死難者國家公祭日，香港特區政府在政府總部舉行儀式，悼念南京大屠殺死難者。2014 年，國家主席習近平在首個南京大屠殺死難者國家公祭日上指出：「忘記歷史就意味着背叛，否認罪責就意味着重犯。」

通過史實對青少年進行愛國主義教育和民族身份塑造是極為重要的一環。香港尤其如此，對青少年歷史教育尤其是中國歷史必修的缺失，使得中學通識教育成為「港獨」思想滋生的培養皿，使得大學校園成為黑暴基地。

本屆香港中學文憑試歷史科出了一道美化日本侵華歷史的試題，引發了社會各界強烈譴責。教育局局長楊潤雄事後明確地指出：「答案沒有討論空間，只有弊沒有利。」並決定取消該題計分，調查歷史科目出題機制。然而，攬炒派、「黃媒」、「港獨」分子卻大肆抹黑教育局的決定，將之污衊為「文革」重演、教育墮落、「打壓學術自由」云云。部分長期被攬炒派的歪理謬論荼毒、洗腦中學生，竟前往考評局辦公室請願，並以申請司法覆核及禁制令的手段，威脅考評局不得應教育局的要求而取消考題。

筆者在此問問該試題的出題人和這些要求繼續相關試題評分的青年人，你們有沒有想過在抗日戰爭中拋頭顱、灑熱血的無數烈士？你們有沒有想過慘死在日軍屠刀、炮彈之下的無數同胞？你們有沒有想香港淪陷的三年零八個月中，有多少手無寸鐵的港人曾遭遇日軍折磨、殺害？你們有沒有想過現在可活於沒有戰爭的和平年代，是多少前人以自己的性命相託？若那些遇難犧牲者是你們的至親，你們還能臉不紅心不跳地支持這道美化日本侵華歷史的試題嗎？歷史不是沒有闡釋的空間，它亦可以有不同視角的解讀，但認知歷史要建立在正確的史實之

上，要在有底線有原則的角度下，進行批判性、多維度、深層次的書寫。

要讓學生讀無「痛」之書，思無「獨」之想，首先要做到讓香港的歷史教科書有國家視角、有歷史情懷，更要有正確的史實闡釋。注重挖掘及整合校園資源，精心打造和建構課程，合力把正確的愛國教育和全人理念融入學校教育的全過程。堅持充分利用教材中蘊含的國民意識與歷史素材，堅持「滴管」和「漫灌」相結合，讓學生易學、愛學，讓課程育人，學校成人的方針落到實處。同時，還要關注學生心理健康，呵護心靈成長，透過積極開展正態正向的心理健康教育，將人文關懷與心理疏導相結合，增強家國情懷的認同和提升民族自豪的意識。

提升學生國家民族意識

沒有國家視野的歷史書寫是殘缺不堪的，而遺忘歷史創傷的民族發展行而不遠。特區政府應充分利用國家公祭日等愛國紀念日，展開相應的愛國愛港宣傳活動，使國家歷史教育走入校園課本，走入青年社群，走入良知審判。唯有將歷史的傷痛和恥辱轉化為青年銘記的前行使命，才能將家國的認同和情感轉化為青年成長的人格砥柱。跳脫出狹隘的本土主義情結，香港年輕人才可以成為一個有擔當，有責任，有世界眼光，有民族氣節的中國青年。

大公報｜2020-12-15 報章｜A12｜評論｜焦點評論｜

繼續用「慣性思維」
疫情將「慣性循環」

　　新冠肺炎病毒肆虐持續近一年，香港至今仍深陷疫情反反覆覆的泥沼而難以自拔，與防疫卓然有成效的內地、澳門形成鮮明對照。究其原因，除了部分市民在抗疫疲勞下減低自律，舞照跳歌照唱，違例聚集，加重傳播感染風險外，作為抗疫主體的特區政府，在抗疫措施上還有很大的不足，尤其是外防輸入及大規模社區檢測等關鍵環節頻現種種「甩漏」。

　　假如第四波疫情最終發展至難以收拾的地步，將累及經濟墜崖、民生困頓、社會抱怨。作為抗疫總指揮，特區政府不可不思改善。

　　疫情爆發後，筆者從以往頻繁穿梭於香港與內地的空中「鳥人」，變成坐困愁城的「宅人」，歷經近一年之久，內地業務幾乎停頓。本月初筆者首次入境內地，在深圳接受「7+7」隔離檢疫，並於上周末順利「出關」，重獲自由飛翔的「翅膀」。經深圳一站，筆者對於內地嚴防嚴控疫情的細節深有感觸，在此贅述，冀當局有所借鏡。

盡快推動全民強制檢測

　　經深圳灣口岸一入內地海關，就隨處可見到身着防護服的專業人士，有條不紊協助入境人士填表、排隊、候車，恍如進入戰時狀態。從口岸乘專車到達市區指定檢疫酒店，開始接受 7 天酒店隔離，再到社區工作人員派專車將筆者轉運到居家隔離點，14 天全程封閉式管理，與外界幾無接觸。其間，接受三次免費核酸

檢測，一次自費血清檢測（110 元人民幣）及每日量兩次體溫，直至無恙方可結束隔離。

內地自今年 3 月開始對包括港澳台等入境人士實施指定酒店隔離檢疫措施，外防輸入做到環環相扣、滴水不漏，看似嚴苛，卻實有奇效，為全面有效控制疫情立下戰功。反觀香港，早在 3 月大量港人自歐美返港避疫時，醫療專家及主流媒體就呼籲特區政府效仿內地，做到指定酒店檢疫代替家居隔離，當時有不少酒店業主也積極響應，但始終未獲重視。直至第三、四波疫情爆發，本港多間大學研究機構指出，疫情源頭均來自外國輸入，機場入境檢疫政策存在重大漏洞，當局才亡羊補牢，近期宣布於今日零時零分起，全面啟動指定檢疫酒店進行強制檢疫 14 天的措施。

內地行之有效、本港「移植」幾無障礙的指定檢疫酒店經驗，從無視、勉強為之到最終實施，已經延宕了大半年，錯失了堵塞漏洞、修正錯誤的黃金時間，導致舊患未除，又添新瘡，疫情連綿不絕，難免予人畏首畏尾、優柔寡斷、被動遲滯之感。

11 月第四波疫情超級大爆發，形勢嚴峻程度超出過往幾波，如今確診病例遍地開花，不明源頭個案激增，過往的亂象又反覆發生，低級錯誤一再出現，甚至發生一名確診病患的密切接觸者收到政府檢疫令，但遲遲未獲安排送到檢疫中心，等待兩天後在家不幸離世（後證確診）的慘劇。政府除了重新收緊「限聚令」、禁止食肆晚上堂食、關閉處所等套路外，還應該拿出更多辣招、新招應對，至少也應該實施全民強制檢測。

以戰時思維應對疫情

筆者早前撰文指出，全民檢測是內地抗疫有效、科學且具有前瞻性的經驗成果。內地制度的優點與香港防疫手段的漏洞，都再清楚不過。然而，目前香港部分人對全民強制檢測的抗拒，也折射出更為深層次的思維問題，即對內地抗疫經驗「熟視無睹」，眼裏所向的只有歐美西方。這從某些官員將香港與「抗疫劣等生」美英等國比較，得出本港抗疫「成效不俗」的結論，已可見一斑。

香港有「一國兩制」之優勢，又有內地與中央的強力支持，理應走出一條完全不同於西方惰性抗疫的道路，早日實現「清零」目標，但現時疫情依然脫韁失序的惡化情勢告訴我們，香港這場「戰疫」的戰果顯然是令人失望的。對於全球來說，抗疫之路或許只走完一半路程，如果特區政府繼續延續慣性思維，缺乏責任擔當和戰時思維，拒絕借鏡內地以他山之石制定長效控疫機制，那麼本港經濟民生料將繼續在疫情反反覆覆的循環中苦苦掙扎，市民不得不在永無止境的疫境中，如困獸般煎熬。

大公報｜2020-12-22 報章｜A12｜評論｜焦點評論｜

12 月 24 日｜中通社《香港新聞網》轉載

要成功抗疫　不能單靠疫苗

12 月 23 日，特首林鄭月娥在記者會上宣布，特區政府在與科興控股（香港）有限公司和復星醫藥及德國製藥廠 BioNTech 達成採購協議之後，與阿斯利康簽署第三份的疫苗購買協議。這意味着在 2021 年上半年前，香港將會有 2250 萬劑新冠疫苗，以滿足全港市民的接種需求。與此同時，林鄭月娥還表示，為了謹慎起見，特區政府會遵循原先的計劃，尋找第四款安全可靠的疫苗，以作備用。為了配合大規模疫苗接種的程序，行政會議就此訂立了《預防及控制疾病條例（使用疫苗）規例》，即在公共衛生迫切狀況下，為緊急使用疫苗提供相關的法律框架和參照。

需科學決策創造性應對

特區政府對疫苗「寄予眾望」，不得不說這是一個具有前瞻性的策略。但政府是否可以對疫苗心揣如「詩與遠方」的想像之際，也同時留意民生的「苟且」和「難堪」？早前區政府以制度不同為由，直言「全民檢測」政策實施落地之困難，又對「清零通關」訴求以社會運行迥異為由，坦言控制病毒傳播、追蹤無源頭個案之不易。顯而易見，政府在抗疫方面是怯陣畏難的：既不能準確識變，精確監控，動態「清零」，做到「外防輸入、內防反彈」，也不敢克服制度迷思，創造條件，審時度勢，做到「科學決策和創造性應對」，最終只能在購買疫苗的方面一展「主動出擊」的決心。

首先，在疫苗尚未接種之前，現行加辣版本的抗疫措施是否可以使民心有歸屬感，使社會有安全感？12 月 17 日，一名 62 歲的女患者確診新冠，在等待送

入檢疫中心期間，不幸於家中離世。12 月 18 日，一名 63 歲的確診男病人擅自逃離醫院，香港警方歷經 50 小時才將之尋回。12 月 23 日，儒牛防護中心證實兩名早前從英返港的確診留學生，其病毒基因與英國變種基因脗合。據歐美科學家的研究，該變種病毒傳播感染率增加 70%。12 月 24 日的平安夜，尖沙咀人群洶湧，不少市民摘除口罩拍照打卡，全然將「二人限聚令」、「1.5 米社交距離」拋之腦後。此外，千元酒店的情侶「staycation」更是爆滿搶手，不少市民逛街消費，戶外聚餐，不懼疫情反覆嚴峻，大膽「頂疫」過節慶祝。正如網絡一句戲言：「人潮或會遲到，但絕不缺席」。在監管、追蹤及實行抗疫政策方面，政府的「佛系」散漫，市民的疲憊應付，無疑是給予病毒極大的「自由發揮」空間。

其次，疫苗是否疫情的「終結者」，這是一個誰都不敢輕易保證的預測。且不論大部分疫苗現仍處於第三期臨床試驗的階段，即大規模人體試驗的安全性和可靠性並沒有全面廣泛的數據評估。並且，不同種類疫苗的副作用和過敏反應也需要納入相關的考慮範疇。最為重要的是，疫苗本身亦不是百分百的有效武器，全球科學研究至今都無法對新冠病毒的起源和發展得以一個清晰明確的解釋。依靠疫苗，香港或可以在 2021 年戰勝新冠病毒，但在下一次新的疫情到來的時候，政府是否可以從這一次的抗疫經驗中取得制度性的成長以及經驗性的累積？這是留給特區政府的一道自我評估的考驗。

抗疫之餘亦要紓解民怨

12 月 23 日，特區政府公布了《2019 年貧窮情況報告》，2019 年的貧窮率比 2018 年上升 1 個百分點，貧窮人口為 149.1 萬，為 2009 年以來最高，如何修復人心的創傷和社會的撕裂，才是在疫情背後的那一抹黑影。誠然，疫苗是科學抗疫的必要手段，但卻不是安撫人心的有效方式；疫苗或可以解決未來的病毒傳播，

但卻無法消除當下的民怨。遠水能不能救得了近火,接種疫苗是不是一勞永逸的手段,在疫苗尚未成熟來臨之際,香港抗疫又要何去何從,對於這些問題,香港管治團隊心中應自有答案。

大公報｜2020-12-29 報章｜A12｜評論｜焦點評論

12 月 29 日｜中通社《香港新聞網》轉載

唯有「珍惜」方能「更好」
「國安家好」見真諦

　　一年一度的香港中聯辦新春酒會，上周五（5日）首次以「雲賀歲」的視頻方式舉行。駱惠寧主任發表題為《讓香港這個家變得更好》的新春致辭，以「四個瞬間」回顧了他在香港履新一年的難忘場面，反映去年香港發生的深刻變化；又對「香港這個家」的發展方向做出了「四個判斷」，是香港走出當前疫境和經濟困局的重要指引。

　　去年1月，赴港履新的駱主任面對的是香港深陷黑暴肆虐、政治爭拗不斷的亂局，他首次出席新春酒會，即以《共同珍惜香港這個家》為題發表致辭，以飽含感情、平實真摯的語言，為香港剖析問題，呼籲社會各界凝聚共識、放下政治分歧；以家國情懷感召港人，助香港彌合傷口，早日復元，在新一年給香港帶來新希望。

　　時隔一年，香港在「變」與「不變」中迎來新局。中央連續就香港國安立法等作出重大決策，香港街頭暴力不再，議會風清氣正，市民重享安全自由，香港迎來撥亂反正、由亂及治的重大轉折，把「變形」和「走樣」的都糾正過來，「兩制」的空間與活力更好地重新展現出來。這是很多人一年前根本想不到的。駱主任更感慨指出：「我對香港這個家更有信心了」，這也是一年來香港絕大多數市民的共同心聲。

　　香港何以會發生如此巨大的變化？駱主任在「四個判斷」中指出，堅守「一國」的原則底線，「兩制」空間更大；國家安全底線越清晰、屏障越牢固，香港越安定繁榮；香港特色越鮮明，兩地人民的感情越親近，香港優勢就越凸顯；

香港自由市場空間越大，社會創新活力越強，對國家深化改革開放和中華民族偉大復興心再獻出貢越來越大。按照這「四個判斷」的方向前行，香港才能繁榮穩定、長治久安；才會有規有矩、家和人興；才會有更多獲得感幸福感安全感，才會「風雨不動安如山」。這正是國家主席習近平所指出的，面對百年未有之大變局，「時與勢都在我們這一邊，這是我們定力和底氣所在，也是我們的決心和信心所在。」

從「共同珍惜香港這個家」到「讓香港這個家變得更好」，駱主任的兩次新春致辭印證了這一句話：「香港是中國的香港，國家好，香港一定會好。」這是歷史的大邏輯，是「國安家好」的真諦所在。

駱主任履職以來，多次講話提出「珍惜香港這個家」、「建好香港這個家」、「家和萬事興」，飽含了對「香港這個家」的真誠和真情，更體現了中央對香港的呵護和期待。過去一年，國安法利劍高懸，震懾了黑暴勢力，結束了政治爭拗，回歸和諧穩定，國安家好、改善民生、發展經濟具備了更加良好的法律環境與民意基礎，政府可以騰出精力，聚精會神地謀發展、惠民生。

「修例風波」暴露出香港政治、經濟、房屋、教育各方面的深層次矛盾。集中精力謀發展，是解決深層次矛盾的根本途徑，最符合廣大市民的共同願望和利益，也是中央對香港一以貫之的期望和要求。駱主任在此次新春致辭中就特別指出，特區政府須拿出更加精準有效的施政措施，逐步破解就業、收入、土地、房屋、醫療等重大民生問題，解決影響廣大市民生活的深層次矛盾，讓每一個人的努力都不被辜負，香港這個家才會有更多獲得感幸福感安全感。

750 萬港人共處同一屋簷下，風雨同路，命運與共。珍惜香港這個家，是所有真正關心香港、愛護香港的人的共同心聲、共同期盼和共同責任。鼠去牛來，福滿香江。相信有偉大祖國做堅強後盾，有特區政府和社會各界的共同努力，上

下同心，撸起袖子攜手奮鬥，把各項利港利民政策逐一落實，在防控疫情、恢復經濟、紓解民困各方面不斷突破，再創獅子山下新輝煌，香港這個家一定會更加美好。

大公報｜2021-02-09 報章｜A12｜評論｜焦點評論｜

2月8日｜中通社《香港新聞網》轉載

送「鼠」迎新際
正是「牛」轉乾坤時

　　2月11日的除夕夜，萬家團聚、辭舊迎新，送走了庚子鼠年，進入辛丑牛年。2020年對於世界來說，是秩序重新洗牌，國際格局風起雲湧的一年，更是抗擊新冠疫情的醫學之戰與反霸權的經濟政治之戰同時「上演」的一年。

香港須進行全方位改革

　　2020年對香港來說，是一個歷史性的「轉折點」。自去年1月23日香港首次出現兩宗新冠肺炎確診案例以來，市民們經歷了「應激性」的搶購口罩廁紙風波，也「見證」了部分「臨陣脫逃」的醫護人員的政治罷工。2月8日，香港實施嚴格控關措施，至今往返內地仍需要接受強制檢疫。

　　庚子年「鼠鼠不易」，社會的「新常態」亦在不斷生成。雖然兩地仍未恢復正常通關，但內地和香港心跳同頻，聯繫未斷，更是同心同德地為香港驅「黃色鼠輩」、抗政治之疫。常言道，「瘟疫乃天地之邪氣，人身正氣固，則邪不能干！」2020年6月30日，香港國安法頒布實施，一法定香江，除「鼠」驅邪。部分城狐社鼠般的反中亂港分子被揭了老底，端了老巢，抱頭鼠竄，認慫出逃。如黎智英、戴耀廷之流，更是在法律審判面前，成為了過街老鼠，人人喊打。

　　教育當局亦開始改革通識教育科，掃除課本裏的「鼠屎污羹」，截斷校園內的狐鼠之徒對青少年的政治洗腦。新冠病毒侵害人的身體，「港獨」蠶食人的心靈，還社會風氣清風明月，還人心良知國家之情—這一年，香港給出了一份令人

尚可滿意的答卷。

辛丑年是香港「牛」轉乾坤的關鍵年，是迎來香港牛市的改革年。在中國傳統文化中，牛象徵着勤奮、奉獻與力量。香港的牛市是需要每一位愛國愛港市民，鉚足牛勁，使出牛力來開創的。2021 年，特區政府各級官員要「俯首甘為孺子牛」，做好表率，將國家利益與港人福祉放在第一位，繼續鞏固「一國」的底線，發揮「兩制」的制度優勢，聚焦基層問題，立足世界格局。

香港的政治團體，特別是建制派，要做變革香港的「拓荒牛」，在政府革新、與國家互補、土地開拓、資源再分配及司法改革方面，做到「內省」、「內格」與「內變」，以建設一個穩定繁榮，公平正義、安居樂業的香港社會為奮鬥目標。香港市民則要繼續拿出勤勞奮進的「老黃牛」精神。

在經歷黑暴與疫情的雙重打擊之後，香港是滿目瘡痍、百廢待興，香港市民要團結一致，腳踏實地，不畏難不退縮，發揮獅子山精神，重振香港，將個人的人生規劃與國家的發展緊密結合。

從宏觀的規劃來看，作為國家雙循環的重要支點，香港要依託國家的政策，融入國內的大循環，扎根發展「大灣區」，調動自身在金融資本和科學研究方面的優勢，為國家建設貢獻力量，那麼其牛年發展必大有可為。

在 2020 年「十三五」圓滿收官後，2021 是中國「十四五」開局之年，是開啟全面建設社會主義現代化國家新征程的第一個五年，更是「兩個一百年」承上啟下的「大牛年」。香港要讓社會的「牛氣」「牛力」凝聚團結起來，與國家發展合軌同心，「心往一處想，勁往一處使」，一起書寫東方之珠的新傳奇，開創世界發展的新高地。

在經歷了 2020 年的新冠病毒疫情和「港獨」勢力的叫囂，大家對新一年充滿期待。但我們必須要警惕，那些躲在暗處的「破壞分子」，他們時刻都想為自

己的失敗復盤。他們對香港的惡意、對國家的敵意,是不會輕易消解的。例如2月8日,警方搗破一宗炸彈案,相信本土恐怖分子密謀於除夕,在人員密集的花市發動炸彈襲擊,以達到自身的政治目的。牛年已到,但警惕「惡鼠」之心不可無。

為國家發展貢獻所長

此外,由於新冠疫情繼續在全球蔓延與世界經濟的結構性寒冬,民粹主義、單邊主義以及地方保護主義頻頻抬頭。在中華民族復興的漫漫長征路上,前方即便是荊棘猛獸,我們依舊要團結一心,以奮鬥進取的精神,繼續跋山涉水地攻堅克難,風雨無阻地滿弓發力。願新的一年,香港以正氣驅邪氣,蓄牛力開牛市,以香江牛年之風貌,再譜發展之新成就。

大公報 | 2021-02-16 報章 | A12 | 評論 | 焦點評論

一心一意愛國 三顆真心治港

　　紫荊國際政經研究院就「完善香港現有選舉制度」的議題，於 2 月 27 日至 3 月 3 日，隨機訪問 1078 名香港市民。結果顯示，八成以上受訪市民認同「愛國者治港」的原則，逾七成表態支持中央依法完善香港選舉制度。是次調查恰恰說明，民意正在呼喚一個新的香港管治時代，一個能把香港管治權牢牢掌握在愛國的治港者手中的時代。3 月 10 日，《文匯報》進行的網上民調，就「愛國治港者需具備管治能力」及「最看重何種管治能力」等議題，吸引了 10552 人參與。結果清晰地顯示出，八成四受訪市民認為「愛國的治港者」需具備管治能力，而「治港者的政治判斷」則成為市民最為看重的能力評判。

　　如果說民意對「愛國治港者」原則的擁護是呼之欲出，那麼對於治港者管治能力的期許與厚望則揭示出，在「一心一意愛國」的最低要求下，一味口頭「表忠誠」已經不足以讓各方相信能夠擔之大任。愛國不應成為口號，治港亦不可淪為修辭。對愛國的治港者的管治能力之要求，就是讓「愛國者治港」的原則「貼地而行」之必然，就是要將愛國之心，治港之責，在活生生的當下找到落地和實踐的具體方向。

敬畏心愛國心責任心

　　筆者認為，在「愛國者治港」的大前提下，治港者應具備「三顆真心」：第一是敬畏心。治港者要對中國共產黨及中國特色社會主義制度予以尊重，常存敬畏。中國共產黨的歷史是一部人民大眾站起來的反帝反殖反壓迫的歷史，是一個民族獨立、復興、富強的自強史，更是領導中國面對世界，擁抱世界，關懷世界

的進步史。

中國特色社會主義制度是在堅持共產黨領導下多黨合作的政治體系下，針對中國國情而探索出的，馬列主義中國化的新道路。百年歷史的中國共產黨與 70 餘載社會主義制度的實踐在不斷自省、完善、改革中進步。要敬畏執政黨和現行國家制度，愛國的治港者應該要有積極的意識和超前的主動性地去了解、學習黨和國家的歷史，從黨和國家的奮鬥歷程和偉大成就中明確未來方向，樹立價值觀，要將「為香港市民謀幸福」內嵌在「為中華民族謀復興」的初心之中。

第二是愛國心。治港者必須明白愛國與愛香港不矛盾，兩者不僅並行不悖，甚至是互為前提，互為補充。無論是港英時期還是回歸後，祖國與香港都是「心連心、同呼吸、共命運」的「母子」情。愛國是實踐「一國兩制」的試金石，要牢牢樹立愛國意識，堅定愛國自信，做到將愛國的心貫徹落實到具體的愛國行為中，深刻領會什麼是國家和香港最重要的利益，什麼是治港者最需要維護的立場，始終堅持和國家的發展步伐同頻共振。

唯有從愛國出發，治港者才知道如何提高自身的政治領悟力、鑒別力和戰略思維能力，才能察覺隱藏暗處的反中亂港勢力，才能觀世界之大勢，順時代之潮流，在風起雲湧的全球格局中，找準香港發展的定位。

發揚實幹精神為民做實事

第三是責任心。對於愛國的治港者，責任意識是一種管治的態度和格調，意味着對香港負責，對香港市民和社會負責。2017 年，國家主席習近平來港視察期間，在會見新領導班子時諄諄勸勉：「為官避事平生恥」，可謂一語中的地強調了管治者的責任與擔當的重要性。由於香港的特殊歷史和現實政治環境的複雜，在香港為官絕不是一件容易的事情，在面對大是大非的事件前能否敢於亮劍，面

對困境和矛盾能否敢於迎難而上，皆是體現着治理者的胸懷、勇氣和氣魄。

在歷經黑暴，由亂向治的關鍵節點，香港管治階層要克服畏難情緒，走出道路迷思，發揚實幹精神，要始終堅持人民至上，把疫情「清零」作為最重要的工作，把發展經濟作為最重要的任務。要做起而行之的「愛國治港者」，不要做坐而論道、指點江山的清談客，從攻堅克難的治港行動中實踐「一寸丹心為報國」的情懷。

「一國兩制」始於愛國，穩在治港。習主席在陝西考察時，語重心長地提出了「對國之大者要心中有數」之要求。愛國與治港，是能者政治的一體兩面。唯有能愛國，才能治港。

香港管治者要在中央所關心的、國家所關心的、香港所關心的坐標中找準方向和定位，把香港放在國家中進行思考和決策，唯有如此，愛國才能具體，治港才有方向的同時，也能收到成效。

大公報 | 2021–03–16 報章 | A12 | 評論 | 焦點評論 |

3 月 17 日 |《參考消息》轉載

3 月 16 日 | 菲律賓《世界日報》轉載

循有序之道　漸民主之進

去年 6 月 30 日，香港國安法頒布實施，一法定香江。這把「高懸利劍」標誌着香港由亂及治的轉捩點，穩定了香港社會，可以說是讓反中亂港分子「匿」了，讓懷揣異心者怕了。今年 3 月 11 日，十三屆全國人民代表大會第四次會議高票表決通過《全國人民代表大會關於完善香港特別行政區選舉制度的決定》，則是從根本上落實了「愛國者治港」的原則，使香港重歸長治久安、行穩致遠的初心和正軌。一法一決定，可以說是對「一國兩制」乃至香港未來的發展給予了內外力的加持，合理合法，是完全正當、進步的舉措。

但是在香港，部分代表着各種反中亂港勢力的反對派則開始抹黑決定、唱衰香港，污衊中央完善香港選舉制度已然讓「民主淪為笑柄」。民主黨前主席李永達公開批評香港選舉制度的「修訂」是「民主倒退」，缺乏透明度，甚至會直接影響反對派的參選云云。

台灣當局也發表了令人啼笑皆非、歪曲事實的抹黑言論，例如蔡英文誣衊中央對香港選舉制度的完善，不過是「以各種方式阻止民主人士進入議會」。民進黨更是胡謅一通，聲稱 3·11 決定是「進一步扼殺港人選擇民意代表的權利，無疑是毀棄『一國兩制』的政治承諾」云云。此外，還有一小撮反對派更是在「循序漸進」這四個字上「咬文嚼字」，認為中央完善香港選舉之舉，是違反「循序漸進」的承諾，稱之為「97 以後對香港民主的最大打擊」。

面對這些一葉障目、顛倒黑白的闡釋，筆者認為部分反對派對「循序漸進」的惡意「誤讀」，實際上是模糊、曲解了該詞的真正意涵，用以誤導廣大香港市民。那麼「序」是什麼？「漸進」的目的是什麼？試問無序的社會，制度如何能

有序漸進呢？

完善制度才有漸進之基

「循序漸進」一詞最早是作「循次而進」，可見於唐代文學家韓愈的《答竇秀才書》一文，有「循次而進，亦不失萬一於甲科」之句，以鼓勵後生竇秀才腳踏實地，亦有登科中舉之時。請注意，韓愈在使用這個「循次而進」的時候，是以「不失萬一於甲科」為「進」之目標，這是一個向善的、合理的、積極正面的目的。但是面對香港的激進反對派和反中亂港分子，他們並不以香港的繁榮穩定為最終訴求，反而是內外勾結、企圖顛覆政權，為個人私利置國家安全、利益於不顧，將香港「攬炒」成一個失序的、無序的社會。這樣，如果仍讓他們所謂「漸進」繼續，「漸進」只可能是「賣國者」的庇護傘，不會是「愛國者」的「金箍棒」。有序才能漸進，無序的社會只能造成冒進、莽進和激進，其惡果已在香港這幾年的混亂中得以昭見。

其次，我們更應該注意到，「有序」應為愛國的治港者所服務的，是「漸進」的大前提。唯有愛國者，才能建構有序的香港社會。只有有序，愛國的治港者才有發光發熱的空間。中央這次通過重構選舉委員會的架構、增加選委會委員與立法會議員的席位等舉措，本身就是在撥亂反正中，進一步推動香港民主制度的進步。香港選舉制度的完善，才是真正意義上的循序漸進，是遵循有序之序，是讓愛國的治港者牢牢地抓住香港的管治命脈，以達致民主、穩定、法治之進。

正如國務院港澳辦副主任鄧中華所言，「『循序漸進』不能理解為每次選舉直選成分都要增加，強調只要總方向和趨勢是擴大民主，就是好制度。」人大完善香港選舉制度，是補上了香港管治上的「無序」漏洞，這一個「微創手術」，

是在「清創」反中亂港的「無法」「無理」的惡瘤，重返「有法」「有理」的正道，以漸進至基本法所保障的，普選特首和立法會的民主目的，使得香港的高度自治在愛國有序的前提下，穩步前行，行之有道。

循愛國之有序，漸一個民主之進。沒有愛國的序，最終會誤入歧途地漸一個賣國賣港之進。部分反對派的暗黑之言早該休矣！

大公報 | 2021-03-23 報章 | A12 | 評論 | 焦點評論 |

3 月 23 日 | 中通社《香港新聞網》轉載

威從外塑　服由心生

香港國安法亮劍，香港賣國洋奴漢奸樹倒猢猻散，無知「黃絲」亦銷聲匿跡，反中亂港分子更是作鳥獸散，偃旗息鼓，香港社會政治漸漸轉入了安全管治、和諧發展的時代。「狹路相逢勇者勝」，國安法填補香港的法律漏洞，護「一國兩制」之制度，守國家安全之底線，其威力不容小覷，任重道遠。

然而，「國安之威」雖大，是外力之爍，立威嚴於外，是一種外在的、他力的規範，《禮記》有所言「班朝、治軍、蒞官、行法，非禮威嚴不行。」國安法讓人是「怕」了底線的逾越，「知」了是非的分辨。但「怕」絕對不是中央政府的原意和目的，「怕」是一種不得已而為之的手段，是為了結束香港幾年來，深陷政治黑暴和社會動盪的亂局。但要香港融入國家發展大局，認同中華民族，「怕」不過是清理了一些「硬」障礙，卻還需要更高層次的「軟」情懷，讓人從內心的、道德的、主動的、內力的層面來「服」。從「怕」到「服」，從法律之力到認同之情，仍是路漫漫其修遠兮，吾輩應以求索。

首先，治港者、政府官員要做到「心悅誠服」，通過對中華民族歷史和中國文化的充分認知，建立深刻的家國認同感，樹立具有民族情懷的是非觀。切勿將被港英管治的恥辱當成一種文明的榮光，在「戀殖」精英主義情懷裏無法自拔。香港能取得今天的發展，並不是因為港英管治的「勝利果實」，除了香港人自己的努力奮鬥，更有國家對香港的厚待和支持。

媒體報道，西九文化區 M+ 博物館向瑞士收藏家 UliSigg（烏利．希克）購入了一批「藝術品」，包括反中藝術家艾未未舉中指的相片、攝影師劉香成的作品，該批作品涉嫌違反香港國安法。M+ 事件恰恰指明了，部分人依舊對中國歷

史充滿着漠視,治港做不到心有所屬,情有所服,那就是「表裏不一」地充當着「中」的角色、「庸」的政客,甚至「惡」的幫兇。

年輕人要擺脫「攬炒」迷思

其次,香港市民要做到「拳拳服膺」。積極參與國家「十四五」規劃,主動融入大灣區的建設機遇,分享國家改革開放的紅利,把香港建設好,更把自己的日子過好。只有安居樂業,香港的人心才可以得以修復,社會的凝聚力才會得以增強。去年底,在「屯門—赤鱲角隧道」開通後,中央與香港將合力推進「港珠澳大橋港車北上不設配額計劃」。該計劃體現出內地對香港始終充滿着最大的善意和支持。香港市民要心胸開闊,走出香港,了解祖國山河和當下發展,將自身的小家結合在國之大家的進步之中。

最後,香港年輕人要做到「金聲玉服」。近年來極少數年輕人在「攬炒香港」中以為找到「成功的捷徑」,得到自己的私利,有的甚至成為反華勢力的反中亂港馬前卒,看似風光無限,卻永遠喪失了國的依靠和家的溫情。亦有部分年輕人將自己的未來押注在賣國的賭局上,為此鋃鐺入獄,付出沉重代價。

通過慘痛的教訓,年輕人應明白社會動亂與政治「攬炒」,只會讓香港經濟一落千丈,民生苦不堪言。在一個不安全不設防的地區,何談發展,何言未來?全社會希望在今後撥亂反正的變革中年輕人能夠逐步培養分辨是非的能力,形成並保持內心的家國情懷,堅守自身的愛國原則與底線,徹底走出「政治攬炒」當作成功捷徑的迷思。

國安法的護航和選舉制度的完善,使得香港社會重返正軌,行政立法和諧明朗,是建制派一展身手的好時機,更是新形勢下考驗其管治能力的關鍵節點。只有把香港治理好了,為香港所服務,為香港市民所信服,才能讓香港社會「心服

口服」地感受到香港在「一國兩制」下的發展之利,從「口服心服」地感受到完善選舉制度和國安法實施是有其必要性和正確性的好處。未來的建制派欲受人之愛戴,必承社會之重——從建制到建設,這是一條沒有藉口的路。「口服」一國之力易,「心服」一國之情難。唯有將愛國的「以力服人」轉變到「以理服人」、「以德服人」,香港與國家的聯繫和互動才會根深蒂固,源遠流長。

大公報 | 2021-03-30 報章 | A12 | 評論 | 焦點評論 |

3 月 29 日 | 中通社《香港新聞網》轉載

凍結黎智英財產
截斷反中亂港黑金源

　　保安局局長 14 日首次根據香港國安法實施細則，凍結干犯香港國安法的首號要犯、壹傳媒創辦人黎智英持有的壹傳媒 7 成股份、其名下 3 間私人公司在 4 個銀行戶口內的資金，估計總值接近 4 億元。特區政府此次再度重拳出擊，令反中亂港「黑金」能量銳減，這對於伺機危害國家安全、破壞香港繁榮穩定的組織和行為無疑是一大重挫。

長期任攬炒派最大金主

　　眾所周知，本港反中亂港活動一度猖獗，一是攬炒派政客煽風點火，散播仇恨；二是極端媒體造謠抹黑，製造對立；三是幕後「金主」慷慨解囊，輸血造血；四是境外國外勢力遙相呼應，甚至親自插手組織指揮。黎智英則是集亂港頭目、傳媒大亨、最大「金主」、外國代理人四種身份於一身。

　　黎智英長期「逢中必反」，敵視中央，煽暴宣「獨」，更投靠外國和境外勢力，充當其政治代理人，協助其干涉香港事務，對中國進行分裂、顛覆、滲透和破壞活動。2019 年爆發「修例風波」後，黎智英急不可耐地跑到大洋彼岸接受美國人的「犒賞」和「指令」。他得到時任美國副總統彭斯和國務卿蓬佩奧等人的高規格接見，當面要求美國制裁所謂「打壓反修例運動」的中國內地及香港官員。其後他在出席「保衛民主基金會」的會議上，公然宣稱「為美國而戰」。

　　而黎智英創辦的壹傳媒集團旗下媒體多年來一直以偏頗失實的報道，甚至製

造假新聞，散播仇恨，抹黑中央及特區政府和執法部門，不僅是煽暴播「獨」黃媒的旗艦，更是黎智英暗助攬炒顛覆的捐款機。2014年香港爆發違法「佔中」，造成社會動盪，經濟民生受創。據各種資料及已公開的內部電郵顯示，黎智英是非法「佔中」的主要幕後推手，在策劃與行動中扮演重要角色，並在幕後向反對派政黨及非法「佔中」搞手輸送大量資金。2014年間，黎智英一批私人電郵和文件在網上曝光，揭發他在2012年4月至2014年6月，共20多次向反對派政團及核心人物捐款逾4000萬港元。黎智英後來自己也承認，密件披露的大部分捐款內容屬實。而協助黎智英處理這些秘密獻金事宜的是他的前得力助手Mark Simon，此人出生於美國情報世家，本人亦曾任美國海軍軍事情報員，還負責為黎智英與美國政界牽線搭橋。

憑着黑金收買及控制攬炒派政客，黎智英由攬炒派的「金主」變成「共主」，並成為「亂港四人幫」之禍首。但天網恢恢，疏而不漏。黎智英及多名壹傳媒高層於去年8月涉嫌違反香港國安法及串謀欺詐等罪，被香港警方拘捕。當時有傳媒報道指出，黎智英等此番被捕，主要是因為透過本地、海外戶口及股票買賣等多種方式，向活躍在境外的「我要攬炒」團隊提供逾百萬元資金支援。而「我要攬炒」團隊被揭在「修例風波」初期就發起聯署，要求外國制裁特區高官，其後亦率先發起登報活動，在海外報章買頭版廣告，指責中國政府違反《中英聯合聲明》。

在美國通過所謂《香港人權與民主法案》後，該組織更向美國提供一份超過140人的所謂「建議制裁名單」，還游說美國取消香港的單獨關稅區地位。香港國安法實施後，該團體還於去年7月9日在Telegram頻道自認「國際游說、遊行集會、登報、投稿、構築攬炒論述、安排外國政要訪港等都有去做」，7月31日聲言「會繼續喺美、英、歐、日、對華跨國議會聯盟等行動」，鋪陳反擊。警

方此次執法正是循金援「順藤摸瓜」，打擊「港獨」前線背後的「黑金」。

果斷使用法律武器「除獨」

上月黎智英被加控兩項涉及國安的控罪，其中就包括指控他在去年 7 月 1 日至今年 2 月 15 日間，與前私人助理 Mark Simon、「我要攬炒」團隊「港獨」分子劉祖廸等其他人串謀，請求外國或境外機構、組織及人員，實施對中國或香港進行制裁、封鎖或採取其他敵對行動。保安局局長此次凍結黎智英財產顯然與此指控有關。

黎智英等反中亂港頭目長期肆意擾亂香港社會秩序，嚴重威脅國家安全，此患不除，香港不寧。任何人、任何組織，無論從事何種行業，只要有危害國家安全的行為，都必將受到香港國安法的嚴正懲處。特區政府應果斷使用法律賦予的武器，實施精準的法律制裁，釜底抽薪，斬斷一切反中亂港的「黑金」來源，徹底剷除一切亂港的病根，才能真正保障國家安全。

大公報 | 2021-05-17 報章 | A12 | 評論 | 焦點評論 |

5 月 18 日 | 中通社《香港新聞網》轉載

國之大者 港之未來

「中國共產黨與『一國兩制』主題論壇」上周六舉行。中聯辦主任駱惠寧以「百年偉業的『香江篇章』」為題發表演講，旗幟鮮明地指出了中國共產黨是「一國兩制」事業的創立者、領導者、踐行者與維護者。推進「一國兩制」必須要牢牢擁護和堅持中共的領導，必須要完善憲法和基本法相關的制度和機制。

「一國兩制」的實踐既是香港融入國家發展大局的前提，也是香港參與民族偉大復興的過程。通過「一國兩制」，香港打開心胸和格局，積極投入到建設社會主義現代化強國的歷史進程，那麼「廣大香港同胞一定會進一步增強對偉大祖國的歸屬感，進一步增強對中國共產黨的認同感，進一步增強身為中國人的自豪感。」

駱主任的講話可謂是抽絲剝繭講道理，絲絲入扣動人心，讓大家醍醐灌頂，既有現實的前瞻性，也有歷史的見證性。2021 年 7 月，中共迎來百歲華誕，而 2021 年的香港也迎來了回歸祖國 24 周年。

對比 2019 年 6 月「修例風暴」爆發時，那時香港社會一片狼藉、人心撕裂。而兩年後的香港由亂及治、回歸正軌。兩年的時間大破大立，宛如鳳凰涅槃，這一切的功勞、苦勞和心勞，都應該歸功於始終堅守「一國兩制」初心的中國共產黨。

放下「心魔」重新認識中共

然而，對於當下的香港而言，如何放下「心魔」，重新、全面、正確地認識共產黨的奮鬥歷史、治國理念和領導地位？如何以「國之大者」的心態融入國家

發展和民族復興的偉業，鑄就港之未來？這是站在歷史轉折點的香港，應該思考的問題和行動的方向。

一方面，我們必須清楚地意識到，中共的百年輝煌是建立在領導中國人民推翻「三座大山」，將中國人民從半殖民半封建的社會中解放出來，帶領中國人民從站起來、富起來、強起來的豐功偉績之上。

而香港的百年恥辱則是因為清政府的無能，致香港被迫從祖國分裂，在殖民霸權中的受辱歷史，恰恰是由於中共的領導而得以洗刷。

另一方面，在中國民主革命的進程中，香港始終是中國革命的大後方，香港同胞始終與祖國人民「同呼吸、共命運」。特別是在共產黨領導中國革命的時候，香港同胞對於內地人民的支持，是兄弟連筋、血肉綿長的認同和奉獻。2017 年，香港導演許鞍華的《明月幾時有》以香港原居民為主的東江縱隊港九獨立大隊為主題，講述了抗戰時期港人與內地民眾「心心相印」。在新中國成立後，無論是美蘇冷戰時期對中國的政治經濟封鎖或者是改革開放之後，香港始終都是祖國對外溝通的重要橋樑，對外開放的主要窗口。

然而，為什麼在九七回歸之後，一些香港人對內地的惡意甚至敵視逐漸顯現、爆發？

首先，不可否認的是，戰後到回歸前的港人接受了一個錯誤的歷史教育，教科書不但沒有「去殖民化」，反而在西方自由民主的泡沫想像中自我沉醉，造成部分港人對中國歷史和國民身份的迷茫和無知。而老一輩香港人經歷過歷史屈辱，大都明白是中共帶領中國人民過上自強富足的生活。部分反華勢力恰恰是利用部分港人對國家歷史的無知，藉機抹黑中國、「妖魔化」共產黨。

思考能為國家做些什麼？

故此，學習中國的近代史，學習中國共產黨的奮鬥史，學習中國如何成為一個獨立富強的社會主義國家的發展史，對於當下的香港青年和香港管治層來說極為重要，這也是守好香港作為國家安全大門的第一道崗哨。

其次，我們也必須意識到，「一國兩制」自提出並實踐以來，對於香港特區始終是政策傾斜。依照憲法和基本法，特區政府是中央政府下轄的特別行政區政府，但長期以來，「一國兩制」在實踐上的小心謹慎、「摸索前進」，使得特區政府在對堅持、維護和尊重共產黨的領導上說得不夠透、做得不夠多，使得「一國」的中心沒有牢牢架在香港「兩制」之上。

飲水思源，應念國之恩澤。在享受「一國兩制」獨特設計所帶來的紅利、自由、民主之際，也要想想，香港還能為國家做點什麼？

在香港回歸的 24 年裏，中國和世界在改變，若是香港還保留着對「舊時代」的執念和痴迷，不願意睜眼擁抱「新時代」的與時俱進，那麼，又應該拿什麼來回應「國之大者」的期許？

大公報｜2021-06-15 報章｜A12｜評論｜焦點評論｜

中共是港人利益最大維護者

6月22日，市民發現香港一些公共交通工具如電車、巴士，部分都換上了慶祝建黨百年和香港回歸祖國24周年的紅色「新衣」。這是自香港回歸以來，第一次堂堂正正地在香港宣傳中國共產黨。這一極具象徵性的一幕，不禁讓筆者想起九七回歸時香港市民冒雨淚迎解放軍進駐香港的那激動人心的時刻。

曾經作為執迷英國「殖民遺產」的香港，終於開始毋需忌諱地表達對共產黨的認同，這是「去殖民化」的第一步，也是將「一國兩制」深入到社會大眾的內心和情感的一大步。過去的香港對中國共產黨的態度始終不清不楚，愛國都不敢愛得旗幟鮮明、理直氣壯。中國共產黨是「一國兩制」的締造者、維護者和發展者，更是香港歷史前行的引領者和見證者。如何正確認識中國共產黨在香港的地位和作用，是香港融入國家發展大局的一大前提。

特區發展民主的堅強後盾

首先，一個成熟的政黨和強大的祖國是香港維持其核心價值的最有力支撐和強大後盾。香港的民主絕不應是被西方普世價值牽着鼻子走的民主，香港的自由也不應是崇洋媚外的無序自由，香港的法治更不應成為披着人權的羊皮做反中亂港勾當的保護傘。綜觀過去一年以來，香港在中央的保駕護航下，社會由亂及治，香港國安法有如一把尚方寶劍，斬了黑暴的根，斷了「港獨」的路，這是中央以法律的手段將香港「扭曲」的民主道路引向正軌，清本正源。

黎智英旗下反中亂港工具《蘋果日報》、《壹週刊》停刊。一家禍港媒體倒閉了，香港的自由並沒有任何損失，反而給市民不被誤導的自由。

上周五，特區政府人事變動，警隊出身的保安局局長李家超接任政務司司長長，原警務處處長鄧炳強升任保安局局長　警務處副處長蕭澤頤擢升為處長。有媒體認為，有關人事安排反映出，特區與黑暴勢力和攬炒分子絕無商量的餘地和妥協空間。以行政手段為「改革斧」，淨化政治環境和公務員體系，將香港社會的法治與現行政府機構的態度和忠誠相掛鈎。不得不說，百年成熟的中國共產黨對香港核心價值的保障都是前所未有的。

另一方面，在大破大立中香港社會要思考和落實，如何將「中央的聲音」和「國家的議題」納入自身的變革和發展之中。之前的香港，愛國也愛得「不清不楚」、「不明不白」，對共產黨的認同也顯得「扭扭捏捏」、「欲說還休」。這種模棱兩可的態度造成了香港社會在大是大非面前，容易認錯路，走錯道，模糊底線和原則。對此，筆者提出以下兩點的思考：

學習黨史和新中國發展史

第一，學習黨史和中國特色社會主義發展史的必要性。在當下香港的基礎教育中，中國歷史倚重古代史，卻不敢多講近現代史，更不要提宣講黨史和新中國發展史。這造成新一代的香港年輕人對當代中國的認知受西方媒體扭曲的報道影響或「泛民」的失實偏頗渲染。2019 年「修例風波」中，一些無知的大學生為什麼心甘情願地當衝鋒陷陣的「空心人」，恰恰就是在於他們不知道祖國在何處，不知道香港的發展始終與中華民族偉大復興密切相關。

第二，宣傳中國共產黨在香港發展中的重要性。愛國理所當然，擁護共產黨是天經地義之事。過往有部分公務員認為，宣傳共產黨是有失「政治中立」的立場，「親共」則是一個充滿負面意味的詞彙，這顯然是嚴重錯誤的。日後的香港要把宣傳中國共產黨和社會主義中國有機結合，相互呼應，使其滴灌式地漸入民

心，從而讓特區政府在治理香港的過程中，體現與踐行對國家的忠誠和對黨的擁護。

作為新中國的領導者，中國共產黨也是香港被「殖民統治」的終結者，還將是香港新時代繁榮發展的推動者與締造者，因此，從源頭理解香港的發展，就不可能抹殺中國共產黨的地位和貢獻。

百年成熟之政黨，可護香江天地之歲月祥和，國泰民安；可護香港賴以自豪的核心價值：民主、自由、法治得以傳承。而香港則更需要打開自身格局，讓「兩制」中的「一國」之底盤，打磨得更加深厚堅固。

大公報｜2021-06-30 報章｜A15｜評論｜焦點評論｜

「十四五」規劃下香港的機遇與責任

國家「十四五」規劃對香港的未來發展，可謂是既有宏觀頂層的戰略考量，也有微觀現實的具體內容。「十四五」是中央為香港創造機遇的時刻，也是在考驗香港是否當得起這份信賴和責任的時刻。香港是否可以成為國內大循環的參與者，是否可以成為國內國際雙循環發展格局的促進者，是否可以將自身發展的能力和活力與國家的繁榮和強大相匹配、相融洽，這是擺在香港管治層面前的一道新考題。

國家為香港提供巨大支持

首先，國家「十四五」規劃給香港帶來了三個百年未有之機遇。第一個機遇是中央對香港在四個「傳統中心」的提升和鞏固方面一如既往的支持和肯定，即支持香港提升國際金融、航運、貿易和國際航空樞紐的地位，強化全球離岸人民幣業務樞紐、國際資產管理中心及風險管理中心功能。

歷經黑暴和新冠疫情，加上經濟全球化的萎縮、跨國貿易的阻滯乃至世界產業供應結構的重塑，都在不同層面影響着香港，在一定程度上打擊香港作為國際金融、經濟和交通方面的優勢和不可替代的影響力，為此，社會上部分人對香港的未來保持着一種觀望和懷疑的態度。再加之一些人不時「唱衰香港」，宣稱有大量市民移民，藉此渲染香港黃金時代一去不復返的謊言。「十四五」規劃的出台，在很大程度上是給香港社會一顆「定心丸」，即香港在制度和經濟基礎上的傳統的優勢不但可以保持，還可以繼續得到中央的認可和扶持。

第二個機遇是中央對於香港轉型做出了方向性的規劃，強調支持香港建設四

個「新興中心」，即建設國際創新科技中心、亞太區國際法律及解決爭議服務中心、區域知識產權貿易中心，以及支持香港服務業向高端高增值方向發展，支持香港發展中外文化藝術交流中心。

香港經濟轉型講了很多年，但一直都是「只聽樓梯響，不見人下來」。自中美貿易戰升級，香港既無法獨善其身，也無法在國際科技競爭中「默不作聲」。從關稅到芯片，再到「制裁」中央及特區官員，香港始終被美國用作遏制中國的一張牌。若是一味地繼續依賴以西方金融系統和世界外貿的投資機制，那必將被動地任由西方牽着鼻子走。尤其是在新一輪全球化的進程中，以中國為首的東亞國家能否走出以勞動密集型產業為中心的生產方式，從而轉向掌握高端科技，輸出文化軟實力和供應關鍵零部件的現代經濟模式，這不僅關係到中國崛起，中華民族偉大復興，更是關乎亞洲重返世界中心的關鍵之舉。

第三個機遇就是中央將香港融入了大灣區宏偉藍圖和規劃，承認和肯定了香港在國家經濟發展中所扮演重要組成的角色。「十四五」期間，香港將背靠作為世界第二大經濟體的國內大循環，將內地的消費需求作為主要的經濟拉力，從而緩衝全球化萎縮帶給香港的負面壓力，將香港市場融入內地的大流通和大消費，進而吸引優質的外資和搭建新的國際貿易網絡，這是香港在「一國兩制」框架下，享受到的獨有的「雙循環」優勢。

8月21日，國務院辦公廳發出的《國務院辦公廳關於同意廣東、香港、澳門承辦2025年第十五屆全國運動會的函》，也是在一定層面上，肯定了聯動粵港澳三地在未來成就新的文化科技世界中心的潛力和能力。

「海闊憑魚躍，天高任鳥飛」。「海闊天高」的機遇是中央給的，但是香港不可能一味單方面地享受紅利和政策，「魚躍鳥飛」還得看自己能否擔得起責任，配得上期許，完成得了使命。香港要把握「十四五」規劃的機遇，更要擔負起作

為中華民族偉大復興一分子所應有的責任。首先要把握綱要帶來的機遇，改善香港民生問題，急民之所急，想民之所想。

努力為民族復興貢獻力量

一方面特區政府要與內地協商與完善香港居民在內地發展和生活的基本政策和保障，尤其是讓香港青年未來可期，走出香港，北上內地，認同國家發展和建設的意義。

另一方面也是要求特區政府一心一意發展經濟，解決住房和就業的基本民生困境，在祖國崛起的高速發展進程中，讓香港市民切實地感受到國家發展、民族復興所帶來的幸福感與成就感。只有民心所向，政府才能樹立威信，那麼，社會的矛盾情緒和撕裂心態才不會被有心之人所煽動利用，從而成為向政府和中央宣洩不滿的助燃劑。

其次，特區政府要將社會內部的穩定和民心的團結，打造成守護香港和諧和國家安全的「金鐘罩」，特別是在中美矛盾升級，全球新冷戰布局的狀況下，香港要守得住國家「南大門」的前線，在發揮作為內地與世界「超級聯繫人」作用的同時，更要成為穩定國家局勢，捍衛國家安全的守門員，不讓分裂勢力和反華分子有漏洞可以鑽，有渾水可以摸。

最後，特區政府必須要意識到，在國家「十四五」規劃綱要中，香港不僅是中國特色社會主義發展道路的試驗田，也是「一國兩制」制度優越性的樣板田。只有跟得上國家發展的節奏，找準自己的定位，香港道路必然會給世人貢獻新的管治經驗和樣板，同時也為中華民族的偉大復興，發揮重要作用、貢獻更大力量。

三大機遇是得天獨厚，三大責任是任重道遠，要做與「十四五」規劃願景相

匹配的香港，也要做能展示自身獨特性的香港，這才能體現「一國兩制」下的香港在實現「十四五」規劃的藍圖中對國家表現出的真情、實意與初心。

大公報 | 2021-08-31 報章 | A12 | 評論 | 焦點評論 |

8 月 31 日 | 中通社《香港新聞網》轉載

8 月 31 日 |《紫荊》雜誌轉載

以僑為橋　一顆僑心　愛港愛國

　　在一定程度上，香港的歷史既是一部華僑花果飄零的離散史，也是一部華僑開拓自強的奮鬥史。作為超過百萬人數的愛國愛港群體，香港僑界不僅是香港各界各行的開路先鋒，也是聯繫世界，心繫故土的中流砥柱。5 月 27 日，香港立法會通過《2021 年完善選舉制度（綜合修訂）條例草案》，不僅意味着中央對特區管治架構的修復和完善，更是對包括僑界在內各界人士的責任與義務，提出了更深的期許。

香港發展的參與者守護者

　　全國僑聯副主席、中國和平統一促進會香港總會理事長盧文端指出，「選舉委員會界別分組選舉是完善特區選舉制度後的首場選舉……香港的僑界人士素有愛國愛港的傳統，對於透過今次選舉進入特區管治架構，發揮僑界力量，對香港的反『獨』促統工作，具有重要意義。」

　　香港國安法一法安香江，國家「十四五」規劃藍圖逐漸展開，面對世界格局的風起雲湧，國家安全與民族復興重任，香港僑界人士能做什麼、應該做什麼、還可以奉獻什麼？這是香港僑界履行好職責所要思考的問題。

　　首先，香港僑界要做到以僑為橋，立足香港，凝聚僑心，服務市民，改善民生。港僑身在他鄉，心繫本土，情繫國家，始終都是香港社會發展的見證者、參與者和守護者。僑界人士的企業經營和社會服務使得他們在擁抱世界的同時，更要做到目光下沉，看得見民眾之所急，聽得見社會之所需，發揮聯動上層管治與基層生活的樞紐管道之作用，在團結同鄉，聯繫海外廣大華人華僑方面，將一顆

僑心化為愛港之心和建港之心。

2021年年初，香港僑界在銅鑼灣、北角等地設立「撐全國人大決定完善選舉制度」的街站，向市民講解人大的決定、完善香港選舉的必要性以及「愛國者治港」等原則，這就是讓民心所指與國家所繫相遇，讓僑成為利國利民之「橋」。

其次，香港僑界要投身「一帶一路」建設的事業，匯聚僑力，國際循環，主動作為。「十四五」規劃對於香港是百年未有之機遇，也是百年未有之責任，尤其是中央對香港在四個「傳統中心」的提升與建設方面，還強調了配合香港發展四個「新興中心」。

在新冠疫情猖獗之時，疲軟的國際需求和全球化的萎縮造成香港必須要進行經濟結構和社會模式的轉型和升級。在轉向國內大循環之際，香港華僑要利用好粵港澳大灣區和「一帶一路」的歷史機遇，吸引優質外資，發展高新技術，重組亞洲金融市場，將國際循環的重點落地在香港，為國家招商引資，統籌國際經濟，推進人民幣國際化，奠定結構性基礎和平台性渠道。

華僑是中國崛起的「軟資源」，擰作一股繩，化為一種力，在將外國優勢「請進來」之際，更要發揮「走出去」的能力，與內地企業資本共同參與海外市場的拓展和競爭，尤其是華僑華人的海外視野和國際經驗，注定會成為「一帶一路」的人文關懷所在。

全力維護國家主權安全

最後，香港僑界要積極參與統一大業，僑港同心，傳承傳統，發揮優勢。海外華人是帶着中華民族的烙印，流淌着愛國愛民的血液。從晚清的辛亥革命到抗日戰爭，再到新中國成立，華人華僑始終站在中國革命的最前沿，為國家發展和民族復興出資出力。

2021 年 7 月，香港僑界社團聯會舉辦多場關於中國共產黨建黨百周年獻禮片《1921》的電影放映，重溫中國共產黨為民當家做主，開天闢地的歷史進程。「四海僑胞是一家，赤子情懷愛中華」。

2019 年爆發的黑暴，暴露出香港的一系列問題到了不可不整頓的地步。香港僑界有責任和義務來扮演反「獨」促統的角色，將愛國主義精神變成建設香港的堅定力量，變成維護國家安全的有力保障。

「僑」是一群離鄉別井之華人，他們是聯繫祖國與世界的橋，要走一條匯聚人心和國情的路，要成為建設國家民族的力，將華人的美德傳統與奮鬥精神，轉化為新的國家形象和認同感，將「一國兩制」的統一責任變成愛國愛港的衡量器。從離散經驗到愛國實踐，香港僑界的責任與重擔，是道阻且長，行則將至。

大公報 | 2021-09-07 報章 | A12 | 評論 | 焦點評論 |

9 月 7 日 | 中通社《香港新聞網》轉載

〔第二章〕

政策
解讀

國安法護航香港定能戰勝風浪

十三屆全國人大三次會議日前以極高票數通過制定港區國安法的決定，在香港社會引起廣泛反響。由全國人大常委會委員譚耀宗等 13 位召集人共同發起組建的「香港各界撐國安法聯合陣線」（聯合陣線），於 5 月 24 日至 31 日，在全港開展為期 8 天的「撐國安立法」簽名行動，開設 5400 餘個街站，共收集街頭簽名 1839590 個、網絡簽名 1089246 個，簽名總數為 2928836 個。

近 300 萬個支持簽名，這是一個歷史性數字！它充分彰顯了香港社會的正能量，充分說明就香港維護國家安全立法是人心所向、勢在必行；也充分證明中央為香港制定國安法，是包括香港人在內 14 億中國人民的共同心聲，鋼鐵般的民意洪流是任何力量都阻擋不了的。

筆者上周六參與一個街站的簽名收集活動，看到很多市民無懼紅雨和雷暴警告，冒着傾盆大雨來到街站簽名，其中有不少年輕人，還有的代表全家人簽名。若非親眼所見，很難體會到港人支持國安立法的熱情如此之高！

國安立法似春風，吹走了愛國愛港市民憋屈已久的陰霾。

毋庸諱言，經歷去年以來的「修例風波」以及區議會選舉，建制陣營和愛國愛港市民有種深深的挫敗感，對香港的前途命運和發展方向增加了更多的憂慮和擔心。在香港身處十字路口之際，中央出手制定港區國安法，這是對香港的一劑良方，極大地振奮了愛國護港力量，因此建制陣營上下齊心，從特首、特區政府司局長，到政界、工商界、演藝界以及市民群體，都第一時間表達對港區國安法的堅定支持，這是香港回歸 23 年來罕有的景象，說明港區國安法擁有堅實的民意基礎。

國安立法如大風，颳醒一大批沉默的持中間立場的市民。

訂立港區國安法的消息一傳出，從聞之驚愕，到逐漸理解，到最終認同支持，相信這樣的市民為數不少。但是港區國安法針對的是分裂國家、顛覆國家政權、組織實施恐怖活動，以及外國和境外勢力干預香港特區事務這四種嚴重罪行，非一般普通市民、安分守法者絕不會觸犯。而自去年「修例風波」爆發以來，引發的街頭暴力破壞愈演愈烈、毫無底線，已近乎變成本土恐怖主義活動，嚴重威脅到市民的生命財產安全和自由表達權利；反對派政客煽動的「攬炒」行為更是把香港逼到經濟衰退、民生凋敝、法治沉淪的懸崖邊緣。

歷經過去一年血的教訓，這些沉默的市民需要一個契機讓他們宣洩對暴力、「攬炒」的不滿，此時港區國安法的出台，則令他們變身反暴力、反攬炒的新力量。

國安立法像颶風，颳走黑暴，震懾「港獨」及「反中亂港」勢力。

制定港區國安法如同重拳出擊，打個「港獨」組織、「反中亂港」勢力措手不及，他們一度出現驚恐失措的局面。但在美國總統特朗普政權威脅制裁香港的鼓動下，又在積蓄力量，借助「修例風波」煽動起來的極端暴力、恐怖主義力量，與反華勢力勾結，伺機展開最後的瘋狂反撲。然而，中央捍衛主權和香港安全的決心難以撼動，香港社會的強大民意支持難以撼動，等待「港獨」分離組織和「反中亂港」勢力的，將是一場最後的審判。

沒有社會穩定，一切就無從談起。制定港區國安法的原意，就是要先把導致香港亂局的根源徹底解決，將破壞國家安全的隱患徹底消除，還香港社會一個重新再出發的安寧穩定環境，真正回歸「一國兩制」的初心與正軌。筆者以為，香港「二次回歸」剛剛啟航，困難與挑戰不言而喻，但相信有祖國的強大後盾，有國安立法的堅實護航，香港「一國兩制」的偉大實踐一定會行穩而致遠。

　　正如中聯辦主任駱惠寧所言，香港精神一直在，香港優勢仍然在，國家支持始終在。在國安法保護下，香港一定能夠戰勝風浪、迎來新天。

大公報 | 2020-06-03 報章 | A12 | 評論 | 議論風生 |

6 月 3 日 | 中通社《香港新聞網》轉載

阻截「政治病毒」入侵校園

近日有激進團體以「中學生行動籌備平台」的名義，煽動學生發起所謂的「罷課公投」，企圖把學生當作反對港區國安法的「炮彈」和「工具」。對此「兩辦」作出嚴正表態，譴責反對派將政治黑手伸向校園。行政長官林鄭月娥也重申校園不應涉及政治，學生更不應被利用以達到政治目的。

對於香港教育，我們必須有一個清醒的認識。回歸前，香港這位被迫離開祖國母親的遊子，在政治、經濟、文化、教育等方方面面完全融入西方的資本主義體系。即使回歸後，香港仍背負着港英時期沉重的包袱，遺留下來一個沒有清晰「價值觀」的教育系統；而「去殖化」教育和國民教育的長期缺失，導致教師和學生缺乏國家和民族的身份認同感，更常常以西方的意識形態帶着有色眼鏡看待內地的事物；加上反對派政客和媒體長期「污名化」內地，導致今天部分師生帶有「反中」「仇中」的思想傾向，從而給政治入侵校園創造了條件。

香港教育偏離「一國兩制」

由於缺乏有效監管機制，香港教育猶如無掩雞籠，令「本土」「港獨」等「反中亂港」勢力得以輕易入侵校園。尤其是 2014 年以來，香港教育更淪為反對派進行「政治攬炒」的工具，別有用心的政客、教師、「教協」和媒體，藉政治事件或活動，向學生灌輸歪理邪說，散播敵視國家、中央和特區政府的極端言論，甚至鼓動他們公然做出以身試法的行為。

在這種經年累月的洗腦下，校園成為「港獨」、黑暴的大本營，造就了「香港眾志」、「學生動源」、「香港思流」及「青年政治關注組」等一批以中學生

為主的「港獨」或激進組織，將「港獨」聲音滲入校園每個角落，教唆學生成為分裂國家的生力軍。

在黑暴最猖狂時期，中大、理大等大學被暴徒佔據，成為製造汽油彈等武器的「兵工廠」。持續逾一年仍未止息的「修例風波」，已將香港種種教育亂象表露無遺。截至5月29日，有8981人涉及黑暴被捕，當中逾3600名學生為此付出了難以承受的慘痛代價。

香港的教育已嚴重偏離「一國兩制」的正確方向，淪為反對派「政治攬炒」的工具，不僅喪失了其教書育人的應有之義，還使得整個社會、乃至整個國家為接連不斷的禍亂埋單。若不斬斷伸向校園的背後黑手，不煞住各種教育亂象，「攬炒香港」就絕非虛言！

越來越多的人痛定思痛，意識到「港獨」是「政治病毒」，也是暴亂和本土恐怖主義活動的根源，更是破壞校園安寧社會和諧的「毒藥」。香港教育已到了必須撥亂反正、正本清源的時候。香港教育好，香港未來就好；香港教育毀，香港未來則毀。

筆者認為，人大常委會正審議港區國安法草案，對「港獨」、黑恐勢力形成震懾力，堵塞政治入侵校園的法律漏洞；同時要依託全社會，致力培養年輕一代對「一國兩制」的認同、對國家及民族的身份認同，讓青少年成為具有家國情懷、責任擔當、明辨是非的建設者。

大公報｜2020-06-19 報章｜A12｜評論｜有話要說｜

維護國安特區應有更大擔當

全國人大常委會法工委日前就港區國安法草案作出說明。筆者細讀相關內容後，認同草案體現了「四個最大程度」：最大程度信任依靠特區、最大程度保障人權、最大程度兼顧普通法特點、最大程度保證法律有效實施。之前港人擔憂的一些問題，在草案中皆有充分的說明，這些「問題」得到了很好的回答和解決。可以說，港區國安法在維護國家安全以及保障港人權利兩方面取得了最佳的平衡。同時，中央也藉此向香港及國際社會釋放一個明確的信號——中央政府堅定維護「一國兩制」的決心不會改變，「一國兩制」、「港人治港」、高度自治依舊是中央的治港方針。

中央對香港特區的高度信任和充分誠意表現在：草案明確了依據「香港主導執法」的原則，最大程度回應香港社會關切。特區成立維護國家安全機構，統籌特區維護國家安全事務；在執行層面，從執法、檢控到審判，特區成立專門部門、配備專門力量、指定專門人員負責處理，形成香港「一條龍式」執行國安法模式；從案件管轄、法律適用層面，絕大多數犯罪案件都由香港特區行使管轄權。儘管這是一條全國性法律，但在實施主體、法律核心上，「港人治港」、高度自治不僅沒有削弱，反而是在進一步鞏固。

中央對香港人權利的高度重視和有力保障體現在：草案在法律概念、用詞用語、犯罪行為的認定和量刑標準都考慮香港社會的認受性，尊重香港司法精神。草案明文規定，國安法必須保障人權，並要受到基本法、《公民權利和政治權利國際公約》、《經濟、社會與文化權利的國際公約》規範，保障言論、新聞、出版的自由，結社、集會、遊行、示威的自由在內的權利和自由；作為基本人權的

法律保障，草案規定了通行的法律原則，包括無罪假定、一罪不能二審等。草案還指出，駐港國家安全公署應當嚴格依法履行職責，依法接受監督，不得侵害任何個人和組織的合法權益；駐港國安公署人員須遵守全國性法律和香港法律。由此可見，港區國安法盡量自我約束權力，最大程度保障香港的人權，消除港人及外界對法案會否侵犯人權的擔憂。

由此可以看出，港區國安法充分考慮香港維護國家安全的現實需要和具體情況，並且兼顧兩地差異，充分體現對港人權利的保障，努力達成對「一國兩制」的健全完善。

維護國家安全是特區的憲制責任也是全體港人的義務。港區國安法已確立香港的主體責任，未來特區維護國家安全機構應以更大的責任擔當，真正確保國安法在香港有效實施，徹底杜絕鼓吹「港獨」、顛覆國家政權、策動恐怖活動和勾結外國或境外勢力危害國家安全的違法行為。唯有如此，廣大市民對「香港不要再亂下去」的期望才能指日可待，香港才不會成為外部勢力危害國家安全的橋頭堡與實驗田，香港的長治久安、港人的根本福祉，才能得到根本保障。

大公報 ｜ 2020-06-23 報章 ｜ A12 ｜ 評論 ｜ 新聞熱點 ｜

五大方向推動國安法教育

香港國安法正式實施，既震懾了危害國家安全的「港獨」、黑暴勢力，也開啟了香港全面撥亂反正的歷史性變革。能否藉着推行國家安全教育，而讓長期被反對派侵蝕得千瘡百孔的教育枯木逢春，重建起一套與「一國兩制」相適應、為「愛國者治港」培養接班人的教育制度，備受社會各界關注。

教育局日前向全港中小學、特殊學校以及幼稚園發通告，表示為配合香港國安法的實施，局方會以多重進路方式支援學校，包括更新課程、編制教學示例、製作教與學資源，並為校長和教師提供專業發展課程，亦會協助學校推行國家安全教育，讓學生清晰了解國家和香港密不可分的關係，以及香港國安法對「一國兩制」實踐和香港穩定發展的重要性。

國安法第十條明確規定特區政府應通過學校、社團、媒體、網絡等展開國家安全教育，提高港人的國安意識及守法意識。事實上，在反對派及背後操縱勢力以及「黃媒」經年累月的洗腦下，香港校園成為「港獨」、黑暴的大本營。去年一場狂飆突進的「修例風波」，更將香港教育的種種亂象暴露無遺，約三千六百名學生為此付出了難以承受的慘痛代價。香港教育已嚴重偏離「一國兩制」的正確方向，淪為反對派進行「政治攬炒」的工具，不僅喪失了其教書育人的應有之義，還使得整個社會、乃至國家要為接連不斷的禍亂埋單。作為多年身兼中學校董的筆者更感痛心疾首。

法律是懲治於已然，教育則是為了防患於未然。教育需要以潤物細無聲的方式循序漸進，需要幾代人的共同努力與矯正，要耐得住寂寞，要有「功成不必在我」的胸襟來面對香港教育的「混沌」狀態，這一代人要承擔起做「清道夫」的

歷史責任。

對教師進行國安教育培訓

筆者認為，應從教育局、校董會、老師等多個層面推行國安法教育。

首先，教育局必須盡快制定合適的指引，包括教授內容、教學形式及時數等，讓學校有所依循，同時盡可能提供統一的教材、課綱和相關師資培訓。辦學團體就國安教育達成共識，並列入辦學的目標和宗旨。

第二，教育局應重新審視校董註冊機制，要求辦學團體在委派校董時加強檢視校董會成員構成，確保成員質素，力阻政治入侵校園，同時將國安教育列為全港校董培訓進修的必需課程。

第三，教育局組織對教師進行國安教育培訓。憲法、基本法和國安法都屬於法學教育，技術含量要求相對較高，按校本處理是遠遠不夠的。很多老師也沒有受過法律的專業教育，恐難以在學校進行專業的普法教育。教育局應組織法律界人士為教師進行一定程度的專業培訓，結合涉及國安法相關的重要案例和法律條文深入淺出的轉化成通俗易懂的故事，以令教師教學時增強傳播效果。

第四，在學校設立「國安（國教）課程主任」，督促相關工作在校園長期有效宣傳、教育與執行。

第五，由於國民教育與國家安全相輔相成，學校應加強推動德育、公民和國民教育，推動憲法和基本法教育，培養學生的國民身份認同，讓他們成為有識見和積極人生觀、對社會有承擔，並具備國家觀念、香港情懷和國際視野的新一代。

香港國安法是香港走出困局，從亂到治的轉機。全社會應該藉此重新審視香港教育的理念，使之能與憲法、基本法，以及與「一國兩制」、高度自治方針，

更緊密地連結在一起,從根源上解決香港的國安痼疾。我們只要有猛藥去疴、重典治亂的決心,以刮骨療毒、壯士斷腕的勇氣,就一定能為教育領域去蕪存菁。

大公報 | 2020-07-08 報章 | A12 | 評論 | 有話要說 |

7 月 7 日 | 中通社《香港新聞網》轉載

人大決定一錘定音
排除爭拗齊心抗疫

全國人大常委會昨日全票通過《國務院關於提請全國人民代表大會常務委員會就香港特別行政區第六屆立法會繼續運作作出決定的議案》。決定表明，現屆立法會繼續運作一年，其職能、權限與現時一樣，現任議員繼續履職。

全國人大常委會按照憲法和基本法賦予的權力，協助特區解決了自身不能處理的重要憲制問題，為香港定下最適當的安排，最大程度釋除香港社會的爭拗及法律上的糾纏。而且人大常委會決定具有最高的權威性，不容下級法庭挑戰，也不容出現司法覆核。

7 月 28 日特首會同行會決定引用「緊急法」押後立會選舉一年，並向中央請求協助處理立法機關空缺問題。特區政府的決定得到了中央政府的全力支持，得到了香港社會的廣泛擁護，認為這是將港人生命與健康放在第一位、同時保障立法會選舉安全與公正公平的必要之舉，是現時最理智也兼顧最多港人利益的選擇。

然而，押後立法會選舉一年，是香港回歸 23 年來首次，本港立法機關將出現「真空期」。由於現行本地法律無法處理立法會「真空期」的問題，香港特區在未來一年如何組成一個合法合憲，又能保證運作的立法會，是當前最重要也是最複雜的工作。因此特區政府第一時間向國務院提交報告，由國務院提請全國人大常委會作出最權威的決定。

全國人大常委會以決定形式處理推遲選舉而產生的立法機關空缺問題，具有

必要性 權威性,對香港社會穩定、人心安寧具積極作用,同時避免香港再陷入不必要的政治爭拗。

中央政府在接到特區緊急報告後,依法依規提請全國人大常委會就解決立法會「真空期」作出決定,這既是合情、合理、合法之舉,也是刻下最現實、最理性、最高效之舉。惟反對派議員竟聯署聲明反對押後選舉,聲稱押後選舉等同引爆憲制危機、無異於竊取政權,動搖香港特區成立的基礎云云。

全體議員延任一年,本是處理立法會「真空期」問題的最簡單方案,可保持立法會整體運作。有人卻慫慂反對派議員在延任時「總辭」,試圖在本港再次挑起一次政治風波,全然不顧疫情之嚴峻,實乃港人之禍。

全國人大常委會一錘定音作出決定,希望香港社會減少爭拗,把未來一年時間,集中在抗疫及恢復經濟工作上。未來一年,特區政府仍有很多事情要做,包括需要處理疫情帶來的經濟、民生、就業等問題;完善選舉辦法及相關法律,包括要推動投票電子化,為長者、孕婦、肢體傷殘致行動不便及有特別需要的選民設立「關愛通道」等,確保選舉公平公正和安全地舉行。

大公報|2020-08-12 報章|A10|評論|焦點評論|

8 月 12 日|中通社《香港新聞網》轉載

8 月 12 日|澳門《濠江新聞》紙質版轉載

8 月 11 日|澳門《濠江新聞》新媒體轉載

目光向「內」積極入「灣」香港革新有方向

香港疫情反覆,經濟形勢和就業市場雖未見「谷底」,但危機仍然四伏,步入了回歸以來罕見的「嚴冬」期。在「港獨」和「病毒」的雙重夾擊下,香港由依靠內地和國際資本的「外循環」體系,轉變成以本土為核心的小「內循環」發展模式。面對美國為首的西方國家對華挑動「新冷戰」,和美國霸權保護主義及孤立政策,香港作為國際金融中心的地位正遭受前所未有的挑戰,保守的單一產業結構更是暴露出香港經濟長期存在的內在隱患。

近年,特區政府雖已意識到產業轉型和革新的必要性,但卻未有大膽提出革新的政策,陷入想變又不知怎變的困局。一方面以金融服務、旅遊、貿易及物流和專業及工商業支援服務的「四駕馬車」早已形成,另一方面由於特區政府過分迷信市場經濟、過分依賴工商界,使得其自身無法建構強勢的革新力,在產業升級方面只能消極「配合」市場,積極「不干預」工商界。

香港社會的改革不能等,也等不起。中共十九屆五中全會所提出的「十四五」規劃和二〇三五年遠景目標建議,恰恰為香港的未來發展照亮了道路,指明了方向。正如國務院副總理韓正指出,香港「要把握國家進入新發展階段的新機遇,在構建新發展格局中充分發揮獨特優勢,積極融入國家發展大局。」只有背靠祖國、家國一體,香港才有可能在動盪的政治經濟環境中搭上國家復興富強的發展快車。香港更需要在大灣區扎深根,從本土再出發,面向世界做大事。

改變思維調整心態

香港改革的第一步棋便是要香港各界做到目光向「內」,心有祖國,不能充

耳不聞國事，兩眼不見內地發展，以懷疑猜忌的眼光看待內地，在避免自我邊緣化的同時，更要走出所謂「被內地化」的思維誤區。

內地早前允許港澳律師在取得內地職業資格後，可在粵港澳大灣區九個城市執業，從事特定範圍的內地民商事法律服務。這不僅是國家對港澳法律人才在專業水平上的肯定，職業操守上的認可，融入灣區上的期待，更是給予港澳法律界一個整合內地資源，實現兩地優勢互補，共同造船出海的機會。

這使得港澳法律界的從業人員有機會在親身經歷國家進步和法制完善的同時，為跨境和海外的中國企業提供高質量的法律保障出力出聲。

此外，港校北上辦學亦得到中央的政策支持。以廣東的雄厚資本、土地資源和工業園區作基礎依託，吸引香港科研機構落地內陸，實現粵港教育優勢合作，將香港學術的上流驅動力轉換成灣區科技的在地生產力，產學結合，將實驗室經濟體作為灣區科研的核心競爭力。

改革的第二步棋就是要做到積極入「灣」，科創興港，以壯士斷腕的氣魄，對舊有固化的社會結構和經濟產業進行全面改革。在全球新冠疫情的影響下，世界經濟體出現了「由西邊向東邊移」的變動趨勢，如何使港深創新走廊成為香港走出困境的新起點，這是一道擺在香港各界和社會精英前面的大考。

新加坡政府自 2000 年起主動出擊，以科技和技術創新作為施政重點，先後成立 Launchpad 創業園區、創業行動社群及創科局，並主動為初創企業提供種子資金及承擔早期的運作風險。時至今日，新加坡作為第二大金融科技中心和世界第一大智慧港口，以半導體工業和智能城市為發展目標，實現了以勞動密集型產業至知識技術密集型產業的結構升級。

香港不能一成不變，更不能「以不變應萬變」，高新技術和科學製造是香港經濟走出困境的引擎，故此融入深圳的「一區兩園」，融入灣區的創科土壤，是

香港勢在必行，大勢所趨的理性選擇。

全力抓緊「十四五」機遇

　　從改革開放到香港回歸，祖國始終都是香港發展和進步的引領者、支持者和貢獻者，而香港則是民族復興和國家富強道路上的見證者、參與者和受益者。融入國家發展，並不意味着喪失自身的國際優勢和地域特色。

　　「十四五」的歷史機遇是需要香港在「一國」的根本框架下，主動實踐新契機，積極借助國家之手，研發紓解民生困境的新「解藥」，開創調整社會結構和經濟產業的新「道路」，豐富「兩制」互動的新可能。香港在得益於國家之政策優惠和經濟扶植的同時，也要努力成為國家富強進步的加速器，使得自己的未來與國家的強大共呼吸，同命運，齊發展。

大公報｜2020-11-17 報章｜A14｜評論｜焦點評論｜

以新思維新擔當迎接立會新格局

全國人大常委會就特區立法會議員資格問題作出決定，郭榮鏗等 4 名攬炒派議員被DQ，以及另外15名議員甘願與 4 人捆綁而「鬧辭」，立法會將率先迎來「愛國愛港者治港，反中亂港者出局」的歷史性新格局。隨着攬炒派議員離場，未來十個月，建制派全面主導立法會運作。社會普遍關注，建制派議員如何以新思維新作為更好地發揮建設性力量履職盡責，承擔起中央、特區政府及市民的期待？

在香港國安法實施和全國人大常委會有關議員資格的紅線出台之後，香港的政治環境將觸底反彈。只要政府在具體政策落實上不跑偏，激進本土主義、分離主義、政治「攬炒」以及尋求外國或境外勢力干預的力量，在立法會內部將再也沒有立錐之地，自「修例風波」以來的香港社會動亂將迎來一個實質意義上的終點。

毋庸諱言，2014 年非法「佔中」之後，香港社會陷入高度泛政治化，立法會更成為反對派、攬炒派進行政治惡鬥、亂港奪權的重要「陣線」。導致立法會如今的亂局與困境，反對派、攬炒派負有直接責任，但是建制派的處理同樣不無問題。早前立法會內會停擺大半年，建制派握有「剪布」利器而不用，直至兩辦發聲後才開始有所行動。如果建制力量不摒棄「無過便是功」的本位思想，又如何克盡己任，發揮建設作用？

今屆政府任期僅餘一年半，立法會任期更是不足一年。明天特首林鄭月娥將發布新一年度的施政報告，這是香港走上由亂至治正軌後的首份施政報告，備受各界關注；這也是全國人大常委會就立法會議員資格問題作出決定，立法會恢復正常秩序後建制派的一次大考。香港經歷去年大半年的黑暴動亂，以及今年近一

年的抗疫苦路，實在已處於百廢待興的困局。民生事、經濟事，全部都急需要有對策上應對，香港才有機會走出政經困局，恢復社會元氣，走上融入國家新發展格局的發展道路。

強化政策研究和民意收集

現在是到了特區政府和建制派向市民交考試卷的時候了，特區政府很有必要在這個重要的時間點，拿出全新的施政思路，讓社會各界和市民大眾看到香港未來的新希望，以振奮人心。而建制派在今年度的立法會會期，要做的不只是等政府提案，而是要主動出擊，在防控疫情、復甦經濟、紓解民困等方面更加積極有為，提出更貼地氣更具可操作性的意見方案，更有效地審議通過廣大市民關注的民生福祉方面的政策措施，讓香港經濟能走出經濟低谷，讓有更合理的政策措施支援各基層民生大小事。

香港社會重新出發，立法會迎來新格局。每一位建制派議員應挺直腰骨，敢於直面自身的不足並加以改進，敢於跳出現有舒適圈，以維護香港和國家的安全、發展利益為初心，以促進市民的福祉為依歸，做好監察政府、審議議案、服務市民的本職工作。更長遠路向，建制派應積極研究解決一些長期困擾香港發展的深層次矛盾，包括土地住房、貧富分化、產業過於單一等問題，做好收集民間意見、政策研究、解決問題等工作，以新思維、新作風、新擔當，為香港市民爭取經濟和民生利益。唯有如此，一個風清氣正的立法會，一個有所作為的立法會，才符合香港利益，符合國家利益，令人充滿期待。

大公報 | 2020-11-24 報章 | A12 | 評論 | 焦點評論 |

11 月 23 和 24 日 | 澳門《濠江新聞》新媒體和紙質版分別轉載

灣區青年就業計劃應恆常化

受「修例風波」衝擊、新冠疫情肆虐以及全球經濟放緩影響，今年以來香港社會已是水浸眼眉，減薪潮、裁員潮及倒閉潮不斷襲來，經濟形勢及就業環境異常嚴峻。在此形勢下，特首林鄭月娥日前在第四份施政報告中，提出「大灣區青年就業計劃」，不失為一個有創意、有吸引力和可操作性的方案，無論從解決本港大學畢業生求職困難的角度，還是鼓勵港青主動走出舒適圈，累積不同環境的就業經驗，以至長遠來說為大灣區提供更多熟悉兩地情況的人才，都是雙贏的措施。

香港城市空間有限，產業結構單一，疫情衝擊下多個支柱性產業深受影響，失業率進一步高企。隨着第四波疫情全面爆發，以及第二期「保就業計劃」於11月底結束，新一波失業潮大概率將會出現。

大灣區內地城市蓬勃向上的經濟成長動力和廣闊地域，無疑是港青就業創業的新跑道。據了解，過往本地大學畢業生較少選擇到大灣區內地城市工作，主要與起薪點較低有關。香港廣東青年總會近日所做的一份調查發現，527名居廣東省港青中，有64.6%相比兩年前更願意到大灣區工作；而本地青年中逾半受訪者不欲北上工作，主因是兩地薪酬有落差。

參與調查的港大經濟學講座教授王于漸表示，受疫情影響全球經濟放緩，凸顯大灣區的機遇，加上距離近、語言及環境熟悉，預料未來有可能吸引更多港青北上。該機構建議政府推出相應的大灣區青年生活津貼包，以彌補離港到內地工作的額外開支。

施政報告中提出的「大灣區青年就業計劃」，就是因應大部分港青的顧慮而

做出突破。計劃規定企業提供的月薪中位數最少約 2.5 萬至 2.6 萬港元，高於本地人學畢業生的工資中位數，合理的薪金有助吸引本地畢業生北上工作。同時，政府向企業提供約三分二薪金津貼，相信對企業具吸引力。實際上，該計劃 2 千個名額，對於有志者來說不過是杯水車薪，勢必引起激烈競爭，報名者如非個人素質佳，相信也難獲選。

早在計劃推出之前，已有不少港青前往灣區內地城市求學就業，在他們看來，灣區就業機會多，發展前景廣闊，長遠而言晉升空間也不比留港發展或者遠走異國他鄉遜色，同時由於當地物價低，置業壓力相對較小，認為「在這裏可以走得更遠」。

「大灣區青年就業計劃」最大的意義，是把內地龐大的市場和多元化的發展良機，展現在本地大學生的眼前，只要不做井底之蛙，敞開視野，邁開一步，機會就在身邊。勇於北上大灣區內地城市開拓機會，在人才匯聚、生氣勃勃的「中國硅谷」積累職場經驗，建立人脈關係，是難能可貴的履歷，不論是留下發展、回港創業，或者加入私人公司，都會比其他競爭者更勝一籌。

政府推動港青到大灣區內地城市創業就業的做法，從長遠來說，有助於港青通過親身實踐，真正了解大灣區其他城市乃至國家的發展，從而走出泛政治化的漩渦，也能夠真正體會到自身的價值，實現個人抱負。因此，「大灣區青年就業計劃」不應只設期 18 個月，而應該着眼長遠，成為政府青年工作的一項恆常化項目，並逐步增加就業及創業資助名額，為本地青年提供更多向上流動的空間和機會，讓大灣區成為港青追逐夢想、開創新天地的舞台。

大公報 | 2020-12-08 報章 | A12 | 評論 | 焦點評論 |

12 月 7 日 | 中通社《香港新聞網》轉載

如何有效抗疫是「一國兩制」下的新問題

　　嚴冬未至，香港疫情卻再度惡化，對外防不住輸入，對內控不住反彈。新增確診人數連續多天破百，社區接連出現群組爆發，市民對恢復正常通關無望又陷焦慮。在疫苗尚未成熟面世之前，全民檢測的必要性、可行性和科學性再度成為熱議的焦點。11月30日，行政長官林鄭月娥在記者會上這麼說：全民強制檢測「似乎並不是一個切實可行和有成效、有科學根據的選項。」

　　香港人口密度大，流動性強，缺乏法律、民意及體制的軟性基礎，極難為硬性的全民強檢完成集中統一的動員和系統有序的調度。但是香港制度的特殊性和道路的獨特性是否應成為拒絕和排斥全民檢測的理由？特區政府要不要借鑒內地抗疫成功的管理經驗？香港管治團隊該不該重新審視和調整「弱政府，強社會」的角色定位？對該類問題「矛盾」及「分歧」的回應恰恰暴露出，如何有效抗疫已經成為「一國兩制」實踐下的新問題。

抗疫豈能「重西輕中」

　　12月8日，政府再推出了「加辣」版本的防疫政策，然而，無論防疫手段加多少「辣度」，都不過是換湯不換藥的消極被動之舉，在主動打擊病毒，徹底根斷傳染鏈方面，都顯得「手下留情」。早前有研究指出，相比較於9月，港人對強制檢測的牴觸心態已經有所改觀，並對政府的抗疫政策感到失望；更有人批評特區政府無視內地防疫成功經驗，缺乏責任擔當。

　　特區政府應該意識到，疫情源源不絕，恢復正常通關遙遙無期，除了市民生命受威脅外，也會對民生經濟造成結構性的打擊，也會使得抗疫變成政治炒作，

成為攬炒派攻擊政府的軟肋。

此外，自2月8日實行嚴格出入境管制措施後，香港宛如被困於孤島。「港版健康碼」一直只聞樓梯響，不見真動作。11月11日特區政府推出「安心出行」感染風險通知手機應用程式，若用戶與確診者在相若時間到訪有關場所，應用程式向用戶發出通知和相關健康建議，但程式只是市民自願性安裝。11月23日，特區政府實施「回港易」計劃，雖是實現與廣東和澳門之間的單向通關，卻也被市民戲稱為「回港易，回內地難」。

近一年的控關，使得香港與內地在商貿往來、人才交流、生活聯繫等幾近停頓。隨着海南自貿港的成立、澳門恢復與內地自由來往，香港在走出「港獨」暗黑歲月之際，卻因疫情迫不得已「遠離」了內地。所以應警惕香港抗疫的消極被動，會否對「一國兩制」及兩地民眾帶來價值上的稀釋和情感上的疏離。

全民檢測是內地抗疫有效、科學且具有前瞻性的經驗成果。道路走得不同，不代表「謀」的利益和對象不相同。香港防疫手段的漏洞頻出，例如早期防疫政策允許從海外疫情重災區回港的居民居家隔離，為病毒滲透社區埋下了「伏筆」。而政府對全民檢測的抗拒也折射出更為深層次的思維問題，即對內地抗疫經驗熟視無睹，似乎眼裏只有歐美西方，政府以制度特殊和路徑獨特為由頭，難以發揮引領民眾積極抗疫的帶頭作用。這也使部分攬炒派鑽了空子，煽動抵制普測的民眾情緒。所謂的專家只是一味比較中、西抗疫成效，強調西方的自由，無視對方付出的是沉重的生命代價和經濟損失。常言道，船小好調動，但僵化而不與時俱進，只會將香港這條本應走向光明的舢舨領向黑暗的漩渦。

善用「一國」優勢果斷施策

　　時至今日，香港的抗疫已不僅是一個醫學技術和管理能力的問題，更是考驗政府在應對持續性公共危機時，能否善用「一國兩制」優勢來思考問題，解決問題。從一開始，特區政府似乎就沒有以「清零」為目標，順勢而為，逆勢畏難，使得部分攬炒派的「有心人」蹬鼻子上臉，左右民意，混淆視聽。在這個關鍵的節點，香港抗疫失敗不僅是危害港人性命，破壞經濟民生，更可能危及「一國兩制」實踐。

　　新冠疫情使得內地民眾，尤其是年輕人對中央政府的信任度和支持度再度提升。在短期封城的政策下，內地動態「清零」，精準追蹤，嚴格部署，使得內地順利走出疫情，成為全球恢復經濟得最快的主要經濟體。內地抗疫成功就在於政府宏觀管控能力，基層宣傳能力，使得每一個內地民眾信賴政府，相信中央，願意以部分個人自由換來全社會繁榮穩定。

　　香港不同於內地，也不是英美西方，這恰是香港對比內地和歐美的價值所在。這一制度優勢是有其獨特的歷史意義和價值，但政府是否可以利用該優勢，挺身挑起防疫抗疫的重擔，借鏡轉化內地抗疫經驗，使得民眾理解和配合抗疫措施，這是香港如何在「一國兩制」的框架下，利用「一國」優勢，善用「兩制」之利，尋善策勇抗疫，以回應民生，回應國家的一道大考！

大公報｜2020-12-11 報章｜A12｜評論｜焦點評論｜

12 月 11 日｜中通社《香港新聞網》轉載

禁BNO持有人任公職
維護制度免現「雙重效忠」

英國政府本月 31 日開始接受持 BNO 港人以「5+1」方法申請入籍英國，BNO 持有人可免簽證逗留英國五年，其間可工作及讀書，五年後申請永居權，一年後可申請入籍。英方此一違背承諾、干涉中國內政的行為，必將引來中方的強力反制。與此同時，在國際環境日趨複雜化的當下，為了更好維護國家安全，現時有必要討論研究 BNO 持有人能否加入香港公職隊伍問題，以及長遠考慮是否取消「雙重國籍」。

眾所周知，BNO 從來都是旅遊證件而非國籍證明，並不具備入籍英國的資格，這是中英雙方達成的共識。英國此次以香港國安法為藉口單方面改變 BNO 的性質，將旅遊證件變成入籍憑證，純屬政治操作，一是為反中亂港分子留後路，為長期干預香港事務作部署；二是英國人是一個精於計算的民族，所謂推出 BNO 計劃，目的之一是吸盡港人財富，為脫歐後的英國疲弱經濟注入活水。

既然 BNO 已變質成英國當局遏制中國的工具，中方對此展開反制是必要的。特首林鄭月娥日前表示，如果現在有人（英方）單方面偏離這個共識，另一方（中央）要對此採取一些行動，這亦是理所當然，特區政府會配合中央採取所需要的反制措施。

若中央不承認 BNO 作為旅遊證件，而視之為一般英國國民護照，BNO 持有人即不被視為中國公民，即基本法第 24 條的「非中國籍的人」，這是顯而易見

的中方反制措施之一。全國港澳研究會理事、北京航空航天大學法學院副教授田飛龍早前指出，如果英國執意推行 BNO 入籍途徑，全國人大常委會可能會就基本法第 24 條釋法，就是居英權和居港權二選一，澄清在 BNO 基礎上獲得英國國籍，則自動喪失中國國籍，喪失香港永久居留的資格，也會失去所有香港的福利，及基本法第 26 條訂明享有的選舉權和被選舉權。

一旦全國人大常委會釋法或通過決議，正式宣布不再視 BNO 為旅遊證件，而是有外國居留權效用的正式護照，BNO 持有人即喪失香港永久性居民資格，因此也不再享有選舉權和被選舉權。

另外，筆者認為，特區政府可藉此將是否允許 BNO 持有人進入公職人員隊伍納入議事日程。此前，政府已要求所有在去年 7 月 1 日之後入職的公務員，須宣誓或簽署聲明擁護基本法及效忠香港特區，而本月內所有現職公務員亦須宣誓或簽署聲明。這項措施既是基本的政治倫理，也是確保愛國愛港者治理香港的一項制度設計和保證。

「雙重國籍」遲早須解決

作為特區管治力量的重要組成部分，18 萬公務員承擔着維護「一國兩制」制度安全和香港繁榮穩定的巨大責任。政府有必要除了完善公務員制度外，還須研擬要求新入職公務員須放棄 BNO 的規定納入議事日程，並宣誓以香港特區護照為唯一旅行證件，拒絕宣誓者即拒絕聘用。

從長遠來講，特區政府還須審視「雙重國籍」所衍生的問題。香港回歸已 24 年，香港人的中國公民身份不能再模糊不清，首要解決的是「雙重國籍」問題。正如行政會議成員、新民黨主席葉劉淑儀所指，中央應該「出手」，終止出於歷

史原因對港人的「特殊待遇」，嚴格執行《中華人民共和國國籍法》，禁止港人擁有雙重國籍。

大公報｜2021-01-19 報章｜A12｜評論｜焦點評論｜

1 月 19 日｜中通社《香港新聞網》轉載

走出西式民主的迷思
協商選舉符合基本法

近日，全國政協副主席、前特首梁振英在接受傳媒採訪時提到，《聯合聲明》及基本法列明，香港特首可以在當地通過選舉或協商產生，並由中央政府任命。梁振英說：「這是當時社會共識及與英國人之間的共識，如果我們明天宣布行政長官由協商產生，英國人不能說我們違反《聯合聲明》，亦毋須修改基本法及釋法。」行政長官林鄭月娥日前亦指出，雖然自香港回歸以來，特首皆由選舉產生。但根據基本法第 45 條，若特首由協商產生亦不違反基本法。故此，特首可經由民主協商產生的機制，第一不違反基本法的法律框架；第二也是《聯合聲明》中英兩國達成的共識。

應喚醒基本法「休眠」條款

但與此同時，「協商論」引起個別建制中人的極力反對，認為協商產生特首的舉措是「政治上、制度上的倒退」，是辜負 750 萬港民的期望云云。亂港媒體也進行攻擊抹黑。

事實上，回歸二十多年來，基本法中部分的條款一直處於「休眠狀態」，這恰恰顯示出中央政府給予香港最大的自由空間和自治選擇。但攬炒派卻不懂珍惜與善用，反而將中央的善意包容視為「奪權」、「變天」的機會。因此，為了香港的穩定與發展，充分發揮基本法的作用，喚醒「休眠」條款，又何嘗不可呢？

首先，在行不行得通的層面，協商選特首之舉具有堅定清晰、不容置喙的法

律依據。部分港人對「協商論」的曲解，往往在於他們無法辯證地理解，選舉和協商不過是產生特首的「用」之手段，而中央政府任命為「本」之根源，「一體兩用」，無法「本末倒置」。鄧小平曾說：「不管黑貓白貓，能捉到老鼠就是好貓。」同樣，不管選舉抑或協商，能選出好特首就是好制度。值得注意的是，香港並不缺乏選舉民主，從行政長官選舉到立法會地區直選，可謂是選舉年年有，成本極其高，民眾不勝煩，漏洞極其多。選舉管理委員會的權力規範之缺乏、選民年齡下限之偏低，都暴露出香港選舉制度本身的弊端。

過去數年出現的社會動盪，皆是攬炒派打着爭取「真普選」的旗號，為西方反華勢力干涉中國內政提供了藉口。改革香港特首選舉制度，發展協商民主文化，目的是為了再一次明確「港人治港」的原則和尺度，使香港管治可以由愛國者所掌舵。

其次在能不能做得到的層面，我們必須意識到，協商選特首既是維護香港權益，尋求香港發展道路的「新思維」，更是在經歷持續逾年的黑暴，社會嚴重撕裂，暗「獨」湧動的當下，一場民心所向的「及時雨」。2019 年的區議會選舉中，攬炒派爭奪了百分之八十五的議席，再加之其他攬炒派組織合佔有 300 個選委，這將造成在特首選委會中，攬炒派可能會有超過 400 個席位。這 400 人當中有否夾藏「港獨」分子，誰也無法打包票；他們會否支持有「暗獨」傾向候選人成為特首，我們更不得而知。

近年來香港社會的動盪不安、政治混亂，歸根結底是一小撮攬炒派興風作浪。他們持着「不認祖不歸宗」的暗黑心態，勾結外國反華勢力，否定中央、抹黑中國，苦了香港民眾，傷了中央與香港的情感，最終使得香港在「新冷戰」序幕下，成為了遏華的橋頭堡和美國在中國挑動顏色革命的試驗田。

協商能避免內訌撕裂

但更大的問題是，我們必須走出西式民主的迷思，普選或選舉並非是民主實踐的唯一方式，更不是最完善的方式。民主並不代表民粹，中國的政治堅持是以民為本、包容多元，避免內訌撕裂。但部分港人全然在西方價值體系判斷中「無法自拔」，一葉障目，以為美國選舉總統的方式是唯一正確的民主運作。

不是民眾個體可以選擇政黨，是富豪財閥的經濟尋租決定了什麼政黨可以讓民眾去選擇。因經濟資本和政治強勢所塑造的「民主」神話，更是讓西方資本主義國家忘記了自己曾經是如何以販賣黑奴、傾銷鴉片、滅絕土著而起家。香港沒有必要生活在西式民主的「陰影」裏自作多情。

2019年，戴耀廷所設計的「攬炒十步曲」和「35＋初選」，便是以「民主」為口號的一次有預謀、有組織的奪權行動。試問還要有多少顛覆活動，要打着「民主」旗號，行天下之惡？

協商選特首，有法律上行得通之依據，有現實生活中行之必要，更有在東方政治文明體系中行之基礎，何樂不為？香港要實踐香港道路，必須要擁抱國家，告別西方價值，形成自己的道路自信、文化自信和政治制度自信。

大公報 | 2021-01-26 報章 | A12 | 評論 | 焦點評論 |

1月25日 | 中通社《香港新聞網》轉載

1月26日 | 澳門《濠江新聞》轉載

通識教育改革的外與內

1月19日，立法會召開了教育事務委員會特別會議，就通識教育改革展開了多層次多面向的討論。例如，議員周浩鼎提出，2019年開始爆發的黑暴，讓不少被「黃色通識」所洗腦的青少年為之「賣命」入獄，而教育當局又無法保證任課教師會遵守相關教導規定來傳授內容，故此，他認為「應該取消有關科目，或轉為選修」。議員梁美芬則擔心，通識教育老師會因其素質和道德水平「不合格」，誤人子弟。若不提高老師任教的門檻，通識教育的改革只會是「換湯不換藥」。

如何拯救被「異化」的通識教育，使之重返正軌，這是一個老生常談的話題，數年來專家所提出的一些「不得要領」、「勞而無功」的解決措施和提議，更顯出改革通識教育已然成為了香港社會當下一個難啃的「硬骨頭」。在去年11月26日，教育局局長楊潤雄公布通識科的改革方向，包括更改科目名稱、縮減上課課時、刪減部分內容、重訂考評標準……但這些「迂迴」路線，無法扼住通識改革的「要害」，更像是在形式上做一些「花拳繡腿」的招式。

課程須與「一國兩制」相適宜

筆者不禁要問通識科目的改革，這一套秉持着客觀自由、思辨理性、包容中立的全人培養目標之科目，到底是要培養什麼樣的人才？

首先，通識教育是有其存在的合理性和必要性的，不應該以其當下之亂象而否定其設立的初心。通識教育的英文是 Liberal Studies，在西方可以追溯至古希臘時期的博雅教育理念，而在中國可以上溯至先秦軸心時代所發展出來的六藝思

想。教育當局不應以通識科之難改革而直接「一刀切」，讓通識從必修改成選修或者直接取消。

通識教育一開始是鼓勵學生以批判獨立的思辨能力來審視當代議題，以積極正面的人生態度來樹立自我定位，最終使學生成為有責任擔當有社會意識的現代公民。這本是一個樹立學生國家意識，建立國民身份認同的好途徑、好機會，但教育當局鼓勵教師因材施教、與時俱進、自由發揮，卻成為反華勢力抓住了教育的漏洞，「黃師」「獨題」滲透校園，使得部分無知的青少年成為了向國家開炮的「火藥炮灰」。

故此，教育當局必須全權負責和審核通識科目的授課教材、教師素質乃至課題考綱的設置，增加有關國家憲法、基本法乃至國家安全的內容，使得學科的批判及獨立思考的功能與「一國兩制」相適宜，這是通識教育改革的外在「面子」。

但更為關鍵的是，通識教育科的視野往往過於狹窄，學生只看得到「香港」，看不到「國家」；只看得到「香港社會」，看不到「祖國山河」，這使得通識或可以培養好一個未來的香港公民，卻無法成就一個合格的中國公民，這不得不說是香港人文關懷和思想教育的失敗和遺憾。

雖然通識教育的「批判思維」不斷得以強調，但這種批判是「空中樓閣」的辯證，學生在沒有全面、客觀地掌握國家歷史、社會現狀的情況下，空讓自身「沉迷」在西方自由主義的神話裏「無法自拔」，形成了「為批判而批判」的扭曲心態。進而言之，通識科目的改革不僅是審核教材、考綱及授課教師那麼簡單，更需要教育界有「翻天覆地」的勇氣，來進行一場教育的「大手術」。

通識科改革要做到讓課程本身不僅要有對香港的關懷，還要有對祖國的意識，要讓批判思維在大是大非面前明辨敵我，最終讓學生成為合格的中國公民，

未來的接班人,而這才是通識教育改革的內在「裏子」。

增強學生對國家向心力

通識改革得好就是「漫灌」國安教育、重塑家國情懷、鑄造港人民族認同的向心輪,改得偏差扭曲就容易被反中亂港分子所利用,成為一把割裂社會和諧、戳破道德底線、敗壞人心良知的「獨」刃。通識教育是重整香港國民教育與基礎教育的出發點與切入口,若沒有「壯士斷腕」之魄力,做不到以「大刀闊斧」姿態斬斷教育「爛尾」,將全人培養與「一國兩制」的框架相適宜,將素質教育與民族情感想聯繫,香港教育何時可以再出發?

大公報 | 2021-02-02 報章 | A12 | 評論 | 焦點評論 |

2月2日 | 中通社《香港新聞網》轉載

完善選舉制度　護航「一國兩制」

　　2021年1月6日，香港警方拘捕了以戴耀廷為首的逾50名攬炒派，指他們於去年7月策劃、組織及參與違法「初選」，涉嫌違反香港國安法。這一份遲到的正義恰恰暴露出，香港現行的選舉制度存在嚴重漏洞，無法阻止外部反華勢力的干涉、插手與操縱，反而成為了本土激進主義與西方反中主義狼狽為奸的「黏合劑」，使得香港管治權、國家安全乃至「一國兩制」，不斷遭受非法暴力的破壞。部分「港獨」信仰的追隨者，以「民主自由」為口號，懷揣着「攬炒香港」的險惡用心，皆由當下香港選舉的漏洞而進入香港各界各層的治理架構。溯其歷史根本，是港英時期已埋下的「定時炸彈」，其意圖就是使香港成為反中亂港分子的「保護地」。這樣「不設防」的、自上而下的選舉制度，隱藏着「反華害港者」治港，「愛國愛港者」出局的風險，如今不查漏補缺，更待何時？

　　完善香港選舉制度從來都不是一蹴而就、局部性「縫縫補補」的小舉措，而是一個系統性的大工程，是解決香港社會深層次矛盾的一把「鑰匙」，更是維護祖國發展、維持主權安全的重中之重。香港選舉制度關係到能不能夠確保愛國者治港，更關係到愛國者治港的數量及「愛國者」愛國的「質量」。如果說「愛國者治港」是「一國兩制」的核心與內涵，那麼選舉制度的完善便是「愛國者治港」理念的落地和實踐，是護航「一國兩制」、使之行穩致遠的結構性保障。只有讓選舉本身成為「愛國者治港」的篩選器與試金石，才能堅守「一國」的大前提，才能確保中央對香港全面根本的管治權，才能使得國家意志、安全和利益與香港社會的穩定、繁榮與民意相契合。

將亂港勢力清除出議會

完善選舉制度不僅是要保障選舉出來的社會精英管治層是愛國愛港者,更要完善選舉委員乃至選舉機制的「愛國性」。我們要將社會金字塔中間的愛國愛港者提拔出來,使他們發揮「承上啟下」的作用;選舉出具有民心所向的愛國精英來領航香港,同時將「愛國愛港」的精神向下漫灌,進入社會基層,將全香港社會的人心民意擰成一股繩,進而堅守「維護國家的統一和領土完整,保持香港的繁榮和穩定」的基本法初心。

從現實層面來看,完善選舉制度是變革香港的重要一環,是轉換香港管治思維和提升行政能力的第一步。2020 年 8 月 2 日,因香港新冠疫情的嚴峻和持續,在包括筆者在內香港各界人士的呼籲下,特首林鄭月娥決定推遲立法會選舉。回首來看,這個英明果斷的決定是合理合法,亦是必要必須之舉。為了顧及香港市民依法享有的民主權利和自由,為了保障香港市民的健康與生命安全,為了尊重香港選民的意願和選舉公平性,推遲選舉是確保香港憲制秩序的關鍵節點,完全正確。自香港國安法頒布實施後,香港社會由亂及治,逐漸回歸正軌。但是 2021 年的香港依舊面臨着新冠肆虐、民生凋敝、社會隔閡、經濟重創等困境。鑒於疫情無法完全遏制,完善選舉制度需要立法的諮詢和程序,為了避免香港社會進一步撕裂和內訌,2021 年再次推遲立法會選舉也未嘗不可。

唯有完善選舉制度本身，將選舉鍍上「愛國」的本性和屬性，才能使得愛國愛港者有變革香港的機會，才能將「港獨」者徹底被清掃出選舉的舞台，才能排除那些為個人政治私利和賣國意圖的人在外。如今的香港社會，需要現行在位的愛國愛港治理者擺脫各方的政治羈絆，拿出應有的變革勇氣和擔當，使得香港在走出疫情陰霾之際，也能順勢而為，融入國家的發展機遇。唯有如此，「愛國者治港」的理念才有踐行的空間，更有未來的可期。

大公報｜2021-02-22 報章｜A10｜評論｜焦點評論｜

2 月 22 日｜中通社《香港新聞網》轉載

愛國原則不能模糊
治港底線不可商榷

全國政協副主席、國務院港澳辦主任夏寶龍早前在出席「完善『一國兩制』制度體系,落實『愛國者治港』根本原則」專題研討會時明確指出,「愛國者治港」是「一國兩制」方針的核心要義,是「香港回歸祖國這一歷史巨變的必然要求」,是「全面準確貫徹『一國兩制』方針必須遵循的根本原則」。此次講話,不僅是為「愛國者治港」原則定了一個具體明晰的調子,更是對「愛國者治港」的三大標準賦予了客觀清晰的政治高度和倫理內涵。中央對「愛國者治港」原則的強調、重述和重新定位,是香港回歸之後,一次具歷史性意義的時刻,奠定了香港進入由亂及治時代的宏觀格局。「愛國者治港」的底線也不可有灰色地帶,要治港首先要愛國,愛國是治港的前提,治港是愛國的體現。

「愛國」非口號要身體力行

講話有兩個方面頗值得注意。第一是講話將過去模糊、含蓄的概念明晰化。在過去有關「一國兩制」的發言和論述中,我們常以「尊重現行國家體制」而將「一國」的表述籠統化。在夏寶龍此次的講話中一針見血地指出,愛國從來都不是抽象的,我們愛的國是共產黨帶領人民締造的中華人民共和國,是實行社會主義民主的中國。中央是「一國兩制」的創制者、領導者和維護者,而「一國兩制」是社會主義制度的重要構成和具體呈現。

　　過去數年香港出現的「社會運動」中，部分激進派別有用心，在「兩制」上大做文章，混淆是非，刻意強調香港及其制度的特殊性，活在西方價值裏無法自拔，為了個人的政治私利和金錢，將內地實行的中國特色社會主義制度抹黑為所謂的「專制」，胡謅內地民眾「飽受社會主義摧殘」，有待歐美國家來解救的「東方監獄」云云。試想，一個人若不尊重國家實行的社會主義制度，妖魔化共產黨的領導，那他究竟是在愛哪個國？

　　第二，講話更是第一次明確地將「愛國者治港」作為「港人治港」的最低標準。但對於執政管理者及問責官員，簡單的愛國忠誠將是一份過於敷衍的答卷，愛國有多深，並不是看口號喊得有多響，而是要看自己能做到多少分。香港的管治精英要做堅定的愛國者，身居要職，要發揮領導團結的作用、擔當鬥爭的表率，始終將國家利益放在第一位，始終將香港的民生和安全放在第一位，不僅要跟緊中央的步伐與節奏，更要對國家有貢獻，有承擔，有價值。一味循規蹈矩，在香港管治道路上抱殘守缺，只會將「愛國」變成「形式主義」，嘴上說着「愛國」的激昂之詞，手上做着不夠「愛國」的雜事瑣事，空有一顆愛國心，卻沒有可以實踐的責任魄力和行動能力。

　　「愛國者治港」這一振聾發聵的定調，更是向部分左右搖擺，立場不夠堅定的「中間派」、「騎牆派」敲響警鐘，隔空喊話，警告他們不要淪為「見風使舵」，甚至「為錢賣命」的「牆頭草」。中央和特區政府並不排斥反對的聲音，亦願意包容不同的意見，因為「愛國者治港」絕不是等同於「建制派治港」，只要不觸碰反中亂港的底線，不走顛覆國家政權的路線，對政府管治的意見、運作的建議乃至體制的批評，都應該被認定是愛國愛港，並將其納入治港框架內。

管治團隊時刻自省警惕

中央對「愛國者」身份的界定，是要求香港特區管治團隊練就一雙「火眼金睛」，辨得出暗藏在不同界別的反中亂港分子，鎮得住損害國家利益的賣國賣港行為，時刻自省、警惕。

筆者接受媒體採訪時提到，中央對「愛國者」身份和立場的客觀標準及要求之全面釐清，並要求進一步完善香港的選舉制度，這不僅是「一國兩制」制度在新時期新環境下的一次正本清源、定紛止爭的重大表述，是對香港制度迷思的一次撥亂反正的重新定位，更是對解決香港社會深層次矛盾，幫助香港重回正軌的一次宏觀布局。唯有讓香港社會各界意識到，港人治的「港」是中國共產黨領導下、社會主義中國的香港，「愛國」是治港的初心和起點，那麼「一國兩制」才會在落地實踐的過程中，沒有漏洞，沒有陰影，也沒有罅隙。

大公報 | 2021-03-02 報章 | A12 | 評論 | 焦點評論 |

3月2日 | 中通社《香港新聞網》轉載

築牢政治安全網
全面維護香港繁榮穩定

　　正在舉行的十三屆全國人民代表大會四次會議有一項重要的涉港議程，即審議《全國人民代表大會關於完善香港特別行政區選舉制度的決定（草案）》（「決定草案」）。根據全國人大常委會副委員長王晨的說明，中央完善香港選舉制度，將通過對選舉委員會重新構建和增加賦權的調整優化，同時建立全流程資格審查機制，形成符合香港實際情況、有香港特色的新的民主選舉制度。這一重大舉措為全面落實「愛國者治港」，確保香港的管治權牢牢掌握在愛國者手中，確保香港在制度設計上可以切實維護國家主權、安全和發展利益，以及有效保障香港長期繁榮穩定。

　　完善香港選舉制度，是當前最急迫的任務。近幾年來，特別是 2019 年香港發生「修例風波」以來，反中亂港勢力和本土激進分離勢力公然鼓吹「港獨」等主張，通過香港選舉平台、立法會和區議會議事平台或者利用有關公職人員身份，肆無忌憚進行反中亂港活動，極力癱瘓立法會運作，阻撓特區政府依法施政；策劃並實施所謂「初選」，妄圖通過選舉掌控立法會主導權，進而奪取管治權。事實證明，香港現行的選舉制度無法防止反中亂港勢力滲透進入特區權力架構、從事顛覆性活動，以及利用香港的公職和公權力危害國家安全。這些漏洞必須修補，不能成為反中亂港分子奪權的制度通道。中央有理由且必須採取必要措施消除制度性隱患和風險。

　　完善香港選舉制度，必須真正落實「愛國者治港」這一根本原則，即確保特

區行政、立法、司法機構的組成人員以及重要法定機構的負責人等，都由真正的愛國者擔任，重要崗位在任何情況下都不能讓反中亂港分子佔據。為了達此目的，必須建立一套新的安全機制，以確保管治權握在愛國者手中，這是香港由亂及治的關鍵舉措。

政治體制問題是中央事權，面對特別行政區選舉制度出現的漏洞和風險，中央從憲制層面完善相關制度，是其權力和責任所在，具有毋庸置疑和不可挑戰的權威性。

事實上回歸以來，香港選舉制度的發展一直由中央主導和決定。全國人大常委會為完善香港選舉制度、解決相關問題已兩次釋法、作出五次決定。此次中央在憲制層面對香港特區的選舉制度進行完善，完全符合憲法和基本法的有關規定，充分考慮了香港的現實需要和具體情況，具有堅實的法治基礎、政治基礎和民意基礎。

此次的「決定草案」是為了解決香港本地無力解決也很難形成共識的棘手問題，這是中央維護香港長期繁榮穩定的又一重大舉措，得到絕大多數香港市民的擁護和支持。相信在完善選舉制度後，香港可停止政治爭拗、心無旁騖謀發展，有助解決經濟民生上的深層次問題。

大公報｜2021-03-09 報章｜A12｜評論｜焦點評論｜

3 月 9 日｜中通社《香港新聞網》轉載

新選制去蕪存菁
「泛民」仍有參選空間

全國人大常委會日前通過的香港基本法附件一、附件二修訂案，着眼香港選舉制度的漏洞和缺陷，對行政長官和立法會產生辦法作出系統性完善、結構性優化，防止反中亂港分子滲入香港特區管治架構，危害國家安全；與此同時，新選制從全域和戰略高度，通過對選舉委員會重新構建和增加賦權的調整優化，充分保障社會各階層、各界別、各方面均衡廣泛參與特區政治生活，真正體現了現代民主選舉的核心要義。在此意義上，傳統的「泛民主派」只要真正回歸服務市民的初心，拋棄所謂的政治抗爭路線，他們的參政空間仍大有所在。

此次全國人大常委會修訂基本法附件一、附件二，廣泛聽取相關社會各界意見，在立法會議席上選取了較為平衡的 432 方案，一方面既能保障更多愛國者進入立法會，但另一方面仍能確保立法會內不同的界別有代表發聲。雖然地區直選議席有所減少，並改為「雙議席單票制」，但地區直選的候選人，除了需獲得100 名以上的地區選民提名以外，只需在選委會每個界別獲得 2 個委員提名便可，遠比選舉特首的各界別 15 人，共 188 人為低。相對而言，這個門檻是相當低，所以反對派是仍然有生存空間的。

須與「港獨」攬炒劃清界線

從完善選制的細則中不難看出中央的包容。中央多次重申新的選舉制度並不是要「搞清一色」：立法會擴大至 90 席，新增由選委產生的界別，繼續保留地

區直選方式,絕非要抹殺民意。只要參選人與「反中亂港分子劃清界線」、不予以通風報信,即使對內地存有成見和偏見,都可被納入選舉、管治的範疇,積極參與香港治理。港澳辦常務副主任張曉明曾指出,不能將「反中亂港分子」,與反對派簡單畫上等號,「泛民」中也有愛國者,這些人將來仍可依法參選和當選。這也就是說,在新選舉制度之下,合資格「泛民」人士的參選管道肯定是暢通的。

過去 10 年,「泛民」為追求短期政治利益、迎合激進選民要求,在民粹狂潮中隨波逐流,愈加激進化,甚至把立法會當成所謂「政治抗爭」的舞台,在「修例風波」中愈演愈烈。中央重手整治,重塑「愛國者治港,反中亂港者出局」的政治秩序,香港不可能回到從前,激進路線已走進了死胡同,「泛民」必須重新思考定位路線,回歸到真正的「和理非」,與「港獨」、暴力、攬炒等劃清界線,才能重新穩住腳步再上路。

毋庸置疑,新選制格局下,「泛民」在體制內的空間顯著收窄,乃是客觀現實。然而多年來「泛民」在以往的地區直選中,一直取得過半數的選票,這也是「泛民」過去所倚仗的參政「本錢」。倘若放棄參選,不僅失去體制內的資源和發聲平台,更是放棄運用手上僅有的政治本錢,「泛民」需要深思熟慮。有「泛民」政黨以為自己有點「家底」、還可以「捱過去」的想法,不過是昧於現實,不願面對新選舉制度年代的政治環境和未來發展。

積極融入香港政治主流

從當前包括民主黨在內的「泛民」政黨顯然還未讀懂中央完善選舉制度的深意,還在所謂的「限縮空間」、「橡皮圖章」的埋怨中糾纏不休。另一方面更在未來參選與否的自我設限中掙扎。事實上,「泛民」根本無需庸人自擾,他們只要接受新選舉制度,願意公開講自己愛國,真心維護國家主權、安全及發展利益,

取得足夠的選委提名支持便可參加。「泛民」與其糾結於自己的參政空間會否收窄，不如更加積極的融入「愛國者治港」的政治主流，向選委和選民展示自己對國家和香港的忠誠。

其實，制度內也好，制度外也罷，只要政黨或個人願意繼續聆聽市民訴求，成為他們的代議士，能夠幫助他們解決問題，監察政府言行，也可以得到市民的支援。未來「泛民」要「重新出發」、參與政治，其核心要義，無疑是要回歸服務市民的初心，為解決香港深層次的經濟民生問題出謀劃策。

大公報｜2021-04-06 報章｜A10｜評論｜焦點評論｜

4 月 6 日｜中通社《香港新聞網》轉載

「一國」有容乃大「兩制」各顯所長

　　1981 年 7 月 18 日，香港著名作家查良鏞曾在人民大會堂獲鄧小平接見。查氏曾以無比欽佩的口脗稱讚鄧小平的治港遠見，「鄧小平先生在香港創『一國兩制』，涉及經濟及社會制度，規模非漢唐所及。而和平轉政，揖讓換朝，策劃周詳，垂之長久，更遠勝前人了。」

　　查良鏞之言不無見地。「一國兩制」的格局之廣、氣度之大乃至胸懷之深，是古今難得一見，中西聞所未聞。試問世上哪個政黨願將與自己意識形態相抗的社會制度納入麾下，包容其中，並與之攜手共進？2019 年西班牙加泰自治區的爭取獨立事件，可作一個反面參照。

　　從 2020 年 6 月 30 日香港國安法的頒布實施，到 2021 年 3 月 11 日，全國人大通過完善香港特區選舉制度的決定，從法律法規和進一步完善選舉制度的層面，落實了「愛國者治港」的原則，再一次肯定了「國」的不可撼動性，再一次使香港在中央最大的善意中，重歸長治久安、行穩致遠的初心和正軌。

把握民之所欲國之所需

　　對於「一個國家」的堅守是硬道理，是沒有商榷餘地的底線，更是「兩制」落地的出發點和落腳點。清算了挑戰國家安全的「擋路虎」，清洗了賣國賣港的「顏色鼠」，「兩制」才有平穩運行的空間和前提。但是，對於「兩種制度」的維繫是需要智慧、勇氣與包容，兩者互為補充，借鑒完善，是「一國」領導下的試驗窗和新嘗試。在牢牢抓住「一國」的大原則下，「兩制」如何互動、如何相互促進，這是一道擺在香港建制派前的大考題。

首先，實行資本主義的香港社會必須意識到，社會主義是有其優越性及不可替代性，若是一味沉迷在原來香港道路自信的榮光裏，做不到自我反思和辯策，最終只會無法跟上時代的步伐，無法把握到民之所欲，國之所需。這一場漫長的新冠疫情「保衛戰」恰恰體現出在統籌協調，調動人力、團結人心方面，社會主義中國始終是世界的榜樣。這種以中國共產黨為核心的人心長城是堅不可摧，勢不可當的，這是社會主義國家在面對不可抗力前的最有力之「武器」，充分體現出制度優勢。

其次，「一國」之下的「兩種制度」絕對不是對立的關係，更不是一個壓倒另一個成相互替代的強迫狀態。「一國兩制」也一定不是以「一國一制」為最終目標而制定的。近日，公務員事務局局長聶德權在立法會財委會會議上指出，雖然派遣中高級及首長級人員到內地院校交流、參加考察培訓的名額已增至 1000個，但希望在未來可以進一步增加名額，讓較為基層的公務員亦參與到內地考察和進修的計劃之中。同在會上的民建聯議員蔣麗芸進一步表示，希望香港官員可以去內地「掛職」，「落啲縣呀、鄉呀」（去到鄉和縣），相信會對官員在日後處理基層問題方面有所裨益。

「兩制」和諧需「一國」護航

筆者對此不以為然。第一，香港官員赴內地交流是好事情，但若一定要落實到鄉鎮村等基層層次，確有一些「矯枉過正」。香港社會與內地農村的情況是天差地別，南轅北轍，讓香港官員「上山下鄉」，不免讓內地考察掛職變得有些「削足適履」。第二，與其實行項目化、單向度的公職人員的考察交流，不如落實制度化、雙向度的掛職交流。讓內地和香港的官員互為學習，彼此合作，相互砥礪，共建和諧一體的「兩制」環境。進而言之，內地不僅是有香港值得學習的地方，

而香港本身也應該成為內地在某些領域和方面，可以提供建設性參照的地方，這也是「一國」之所以需要「兩制」存在的一個重要因素。

故此，建制派在新時代下，一方面要成為穩定香港、建設香港、繁榮香港的建設派；另一方面也要成為香港核心利益和價值的捍衛者、守護者和建設者。唯有如此，建制派才能獲得香港市民更多的擁護和認可，才可以真正成為香港社會主流的政治團體，才能最終成為配得上「一國兩制」優越性的實踐者、體現者和保護者。

堅持一個中國，是不容商榷的「唯一」，是港澳生生不息的「源頭」；堅持「兩種制度」，是互為補充的「唯二」，是構成中國特色社會主義的「分支」。「一國」的有容乃大需要「兩制」的各顯所長，共存共榮來體現，而「兩制」的良性和諧又需要「一國」的保駕護航。唯有如此，香港的運作才能在大國崛起的世代中，安頓好自身的位置，尋找到立命的坐標，在與國家同頻共振中保持自身的特質、優勢和長處。

大公報 | 2021-04-20 報章 | A12 | 評論 | 焦點評論 |

4 月 19 日 | 中通社《香港新聞網》轉載

4 月 20 日 | 中通社《香港新聞網》以報道形式轉載了《大公報》的評論文章

北上掛職取真經　南下服務為香港

　　5月10日，行政長官林鄭月娥在接受媒體採訪時表示，特區政府將與廣東和深圳簽署公務員互換「掛職」的協議，旨在提升香港公務員的國家忠誠度和管治水平，並使其對國家現行的行政體系和治理路徑有更為深入的認識和理解。根據公務員事務局局長聶德權所述，北上「掛職」是香港公務員培訓的一個部分，在未來具體化的架構中，將會要求公務員必須在三年試用期內完成北上「掛職」的培訓，方可獲長期聘用。這一機制的建立堪稱香港公務員體制改革的一項「里程碑」。

　　自回歸以來，部分香港公職人員基本上對港英時期的行政作風和傳統「念念不忘」。雖然香港素來以法治廉潔、工作規範、管理有序聞名，但在面對複雜的政治局勢，發展道路的革新轉型以及與時俱進解決社會需求方面卻顯得力不從心。北上「掛職」是一件好事情，但這件事情要做得好，首先要明確，北上「取什麼經」，南下「做什麼事」這兩大問題。

公務員要「根植」中國心

　　首先，北上「取經」先要破除的是「愛國」與「政治中立」的二元對立之迷思。5月5日，英國 BBC 以《國安法下，香港公務員面臨『愛國還是政治中立』的兩難選擇》為題，借用某位辭職的公務員之口，誣稱簽了聲明的公務員「可能要被迫執行『埋沒良心和有違道德』的政治工作。」報道還聲稱，貫徹「愛國者治港」原則將會在特區政府內部出現「猶如文革式舉報風」云云。這些無中生有，不懷好意的污衊抹黑，恰恰顯示出香港公務員隊伍依舊有着看不清事實，見不得現狀

的無知分子。他們還試圖通過緬懷港英時期無需效忠英女王之語,來唱衰中央和特區政府。

為什麼在港英時期香港公務員不需要宣誓效忠英國?作為英國在控制印度的一個亞洲分屬基地,香港效忠英國是名不正言不順。人家都沒有把香港當作「國土」,亦無心賦予香港居民「國民」資格,自然也不會有效忠之說。回歸後是香港居民當家作主的時代,是一個有國家保護的時代。部分香港公僕竟然「懷念」當「二等公民」,質疑國安法和宣誓的初心,實在令人匪夷所思。在港英管治的百多年間,香港從未經歷過民族與國家的建構過程,故此,北上「掛職」,為的就是「根植」一顆中國心。

其次,北上「取經」還要取的是一個能力經,一個管理經,一個如何為市民服務的真經。在「愛國者治港」的大原則下,香港的管治團隊不僅是要效忠國家和特區,更要有能力去發展香港和維護國家的安全和發展利益。治港者不能只是愛國的「口號者」,更是要做繁榮香港的「實幹者」。現時管治團隊內有部分人死抱固有的行政體系與制度,只可以在穩定的時代做一個社會程序上的運行機器,卻無法在突如其來的社會事件和詭譎多變的世界格局面前做出及時有效的應對。

鍛煉特區政府管治力

在「修例風波」和長逾一年的疫情,都暴露出特區管治團隊在應對突發事件時,始終習慣性地將老規矩和舊程序放在首位,這便造成了在政策制定和執行上的被動。香港雖然是特區,擁有一定的「特殊性」,但這並不代表着香港是特別的,香港市民的需要是與眾不同的。民生無非衣食住行,民心無出安居樂業。讓香港社會生活在一個安定和諧的環境,是一個有擔當的政府應有之義務。故此,

北上「掛職」，為的就是鍛煉一個管治力。

　　北上之後再南下，為的是什麼？伴隨着大灣區建設步伐的加快，香港要依託國家政策和紅利，實現自身發展結構的轉型和發展。要讓南下的香港公務員成為特區政府的管理者，成為大灣區的建設者，成為新香港的見證者，這才是真正意義上「兩制」的良性互動，更是對「兩制」政策在新世代的新嘗試和新補充。

大公報｜2021-05-25 報章｜A12｜評論｜焦點評論｜

5 月 25 日｜中通社《香港新聞網》轉載

國安穩大局　愛國聚人心

　　2020 年 6 月 30 日，全國人大常委會表決通過香港國安法，並納入香港基本法附件三，由特區政府公布實施。這是祖國給特區的一份厚禮，是「一國兩制」實踐過程中的里程碑，是讓香港走出暴恐困境和人心撕裂的「起點」。2021 年 7 月 1 日，「賀建黨百年，慶香港回歸」的標語隨處可見、國旗和區旗隨風飄揚，回歸日的升旗儀式上，護旗方隊首次採中式步操進場，這是香港回歸二十四週年首次出現，象徵着進入新時代的香港大大方方，名正言順地邁上了祛除「殖民遺風」，來到新起點。國安法的護航和選舉制度的完善，讓香港徹底揚棄和告別了一個充滿着暗黑暴力的時代，一個淪為境外反華勢力試驗田的境遇。

　　「平不肆險，安不忘危」。如今的香港由亂及治，由治將興，如鳳凰涅槃重生，堪稱是香港回歸歷史上，一個深遠重大的轉折點。在中華民族百年復興的歷程中，在香港融入國家發展的新征途中，穩大局是開端，愛國心是關鍵，求發展是必然。

　　筆者曾經將香港國安法比喻成一台深入查找香港安全風險漏洞的「顯微鏡」，一面讓亂港分子原形畢露的「照妖鏡」，以及一副讓香港市民看得到安全和美好未來的「望遠鏡」。如今看來，一套國安法定香江之安穩，三「鏡」齊作用，護香港回歸之正軌，可謂是香港在現實意義上的「第二次回歸」。

　　筆者也曾將國安法比喻成三陣風，是吹走愛國愛港市民陰霾的「春風」；是颳醒對黑暴保持沉默市民的「大風」；更是震懾「港獨」、清理黑暴的「颶風」。回顧國安法實施一年多以來，當局清除了誤人子弟的「毒教材」、「黃師」，制

定了教材送審和考題審核的新政策，大學與反中亂港的學生會割席，依法拘捕前《蘋果日報》5名高層和2名主筆，也起訴了諸如戴耀廷等亂港分子。可以說，國安法是看不見的「風」，卻守住了風雨飄搖中香港的「根」。

穩定香港社會，國安法是外力、是起步、是開端，但要解決香港面對的問題，不能只靠一劑「靈丹妙藥」。面對香港錯綜複雜的社會形勢和西方反華勢力不甘心失敗的狼子野心，我們依舊不能掉以輕心。例如，7月1日，一名警員在銅鑼灣鬧市遭人用刀刺傷，疑犯當場自殺身亡，當局形容事件是一宗「孤狼式」襲擊。事件恰恰暴露出，一方面，這是一場有組織、有黑手、有預謀、蓄意的犯罪，是恐怖組織視香港青年的性命為草芥的政治抗衡和叫板；另一方面，這一場博出位的意圖謀殺和暴力罪行，警示着我們，彌合香港人心之路依舊是道阻且長，長路漫漫，香港市民，特別是青年必須要有清醒的認識和頭腦。

可恨之人必有可憐之處。要知道一個人要去刺殺警察，這本身就是一宗值得關注的新聞，而他又以當場用自殘、自殺方式為結局，這恰恰說明，當一個人想要同時完成兩個「死亡事件」，他的目的無非就是要以「恐怖政治秀」博眼球、博出位，博社會之同情，以達至大眾對政府的不信任和負面情緒……

然而，在國安法實施後施行「孤狼式」襲擊，這絕不是一樁隨意孤立的刑事案件，它深刻地警示着我們，這一場血腥犯罪是自2019年「修例風波」以來，極端「攬炒」分子鼓吹暴力襲擊、恐怖圖謀的持續發酵和必然發展。一隻孤狼的倒下並不意味着隱蔽在香港黑暗角落的其他孤狼都會束手就擒。國安之法雖有威力和震懾，但彌合撕裂與人心回歸，卻需要付出耐心，用愛國的情感和認同來加以修復。

7月1日之後的香港，「敢教日月換新天」，邁上了新的「趕考路」，考的是家國之情怎麼寫，考的是愛國之心如何做，考的是如何修復社會人心之撕裂，

考的是香港發展如何與民族復興同呼吸，共命運。這條通向康莊大道的征途，香港還要一步一個腳印地走下去，走出新時代中國香港特色的發展模式，方不負黨和國家的期待、呵護與信賴。

大公報｜2021-07-06 報章｜A12｜評論｜焦點評論｜

黨「能」國「強」香港「好」
「一國兩制」啟新航

　　7月7日，香港大學學生會評議會竟為銅鑼灣刺警案兇徒默哀，並通過議案對兇徒逝世深表悲痛；還向其家人和朋友表示同情和慰問，感激兇徒為香港作出的「犧牲」云云。香港的大學生會鬧幺蛾子、公然作出挑戰國安底線的事情也不是近日發生的事。7月9日，港大學生會幹事會在國安法震懾力和開除學籍的壓力下，公開為事件道歉並宣布辭職。然而，骨子裏的媚外和「港獨」思潮，靠一聲道歉就能清除？

　　7月5日，警方國安處探員拘捕9名激進「港獨」組織「光城者」成員。根據警方的調查，該組織計劃在紅磡海底隧道、港鐵、法庭等地點發動恐怖襲擊。但最令人咋舌的是，被捕疑犯中包括多名中學生，年齡最小的還不到16歲。他們這到底是對香港有多大仇恨，非要拿無辜的人命來作達成政治目的的工具？但仔細了解他們激進言行的背後，就會發現這群「港獨」學生，一直對國家、國家執政黨有錯誤的認知，進而造成了他們對國家的不信任，最終使他們淪為西方反華勢力的一枚「棋子」。

　　那麼，是什麼造成了他們對中共的誤解？筆者認為一個很重要的原因就是，香港在九七回歸之後，對中國共產黨講得不夠多、不敢講，甚至怕講，這導致了中國共產黨在香港社會的存在感不強，甚至還顯得很消極被動。部分人對中共的誤解恰恰來自於其對中共的無知。

須正確認識中國共產黨

「一國兩制」雖然處理的是回歸後香港與中央的問題，但是史華雄的表達應該是處理回歸後中國共產黨領導下的中央與香港的關係。因為這個中國不是一百多年前與英國簽定恥辱條約，拱手讓出香港的晚清政府；也不是讓國家陷入內戰，民不聊生的民國政府；而是由中國共產黨領導下的，人民當家做主的新中國。

部分香港人的疑共、恐共、反共心態，實際是不必要的。從歷史進程來看，中國共產黨無時無刻都是與香港在一起，風雨同舟，攜手共進。從上世紀五十年代，以美國為首的西方國家對中國的經濟封鎖和軍事孤立，香港成為了中國面對西方市場的南方之窗。七八十年代的改革開放，又使得香港成為連接內地與西方世界的國際之橋。作為「一國兩制」的締造者，中國共產黨又開創性地平衡了姓資姓社的矛盾，完成了國民心之所向的香港回歸之大事。面對當下的國際新形勢，中央打造的粵港澳大灣區，也進一步地為香港未來的發展和格局奠定了強而有力的支持。

香港是中國的一部分，而中國共產黨是國家執政黨。但矛盾的是，為什麼小部分香港人一方面「恐共反共」，另一方面又理直氣壯地享受着共產黨領導的中央政府推出的惠港政策，這難道不是精神分裂？難道在香港不公開提及中國共產黨，就可以否認中共的存在乃至其為香港所做出的貢獻？事實上，中共對香港一直的包容，令小部分港人在境外勢力的煽動下，逐漸走上了與中央對抗的道路，嚴重背離、偏離了「一國兩制」的初心。

讓「一國兩制」行穩致遠

中央政府是黨領導下的人民政府，對國家的支持就是對黨的支持。香港雖然也有政黨，但這些組織都是以政團形式存在，毋庸諱言，中共事實上就是擁有香

港全面管治權的執政黨。

特區政府管治團隊必須意識到,要讓「一國兩制」行得更為穩固扎實,準確認識中國共產黨與香港的關係是極為重要的環節。這就意味着必須破除對中國共產黨的不正確看法,要將香港融入中共領導下的國家這個命運共同體,甚至要讓中國共產黨的身份和作用光明正大地存在於香港社會。

當然,同樣也有許多香港人對中國共產黨其實是有感情的,有真心的。數十年來,部分香港人對於加入共產黨的訴求和熱情是日益高漲,影星成龍日前亦說:「我也很羨慕你們是黨員,就覺得共產黨真的太偉大了……我要做黨員!」

筆者覺得,倘若政策放開,可以預見,願意加入中國共產黨的人數應該是很多的。香港未來的發展,將是中央全面管治權與特區高度自治的有機結合,這就意味着中共的政治角色與國家的功能將會更加明顯。香港將在一個嶄新的政治形勢下重新起航,中共「能」,中國「強」,香港就「好」,這是必然!

大公報 | 2021-07-13 報章 | A12 | 評論 | 焦點評論 |

7 月 13 日 |《香港新聞網》轉載

國安法的尺度、刻度與用度

7 月 26 日，24 歲的香港「劍神」張家朗在東京奧運會上，以 15：11 的優異成績擊敗了上屆花劍金牌得主、意大利選手加路素（Daniele Garozzo），不僅贏得了香港歷史上第二面奧運金牌，也是香港回歸後首次在奧運奪冠。在頒獎台上，特區區旗在國歌聲中冉冉升起，這一幕是具有深刻的歷史紀念性和隱喻性的——這不僅在一個國際體育盛會上見證了香港走出黑暴之後的新風貌，也意味着香港特區與國家「同呼吸，共命運」的政治歸屬。

治理香港的最低尺度

去年 6 月 30 日，香港國安法落地實施，成為香港撥亂反正的轉折點、起始點。與此同時，香港選舉制度進一步完善，更使得攬炒派再也無法成為建制內的「漏網魚」。毋庸置疑，在國安法實施一年以來，香港的太平之勢，重返正軌，有目共睹，但面對香港「歲月靜好」的再次復位，國安法的定位要如何？其監管的尺度是否有必要鬆懈？國安法是否治理香港的唯一刻度？國安法在日後運作之中，其用度要如何把握？這些問題和一些人呼籲特區政府「適可而止」、「見好就收」的心態來看待國安法，恰恰促使我們重新思考香港管治的一個根本問題，在中央主導、國安法護航的大前提下，香港道路要怎麼樣探索前行？

首先，國安法是治理香港「不偏不倚」的最低尺度。中央政府在對待香港治理的問題，從被動走到主動，花了 20 年時間，而將從主動的掌控轉變到主動的引領，則只花了 2 年時間。2019 年的黑暴事件暴露出，香港在回歸後累積的社會矛盾、民族認知和政治情緒，沒有得以正確的引導和清理。但是，我們必須注意

到，國安法帶領香港走出被動受困、四面埋伏的窘境，由亂及治，由治及興，這是維護國家安全、維持香港和諧的基本要求，若是此時「降溫」，怕不是又要以「博愛寬容」之心，給反中亂港分子開綠燈，令國安法變成了「無牙老虎」。同時，作為「定海神針」的國安法，在其運用上要做到不偏不倚。中央堅定不移在港貫徹「一國兩制」，也無意搞「清一色」局面。但香港不能指望靠一部國安法就可以高枕無憂，基本法第二十三條的立法工作亦迫在眉睫，勢在必行！

其次，國安法是衡量香港社會弊病「無可商榷」的標準刻度。部分港人對國安法的抵制情緒恰恰來自於對國安法的誤讀與胡亂揣測，認為該部法律會改變香港的一制，損害市民自由民主云云。國安法只是打擊四類罪行（「分裂國家」、「顛覆國家政權」、「恐怖活動」及「勾結外國或境外勢力危害國家安全」），與絕大部分守法的市民沒有任何關係，反而更好地保障市民的基本權利和人身安全。國安法是一台探測器，當測出有危險時，便可以根除掉威脅，讓「一國兩制」行穩致遠，特區政府管治更有效率。

為良政善治提供法律保障

最後，國安法雖具有很強的震懾力，但也不是萬能，其用度還需要有作為、有責任心、有立場、有擔當的愛國治港者來掌舵。國安法實施和完善選舉制度，是「愛國者治港」根本原則在法治和體制上的體現，是實現「良政」的根本法治保障。但要香港大有可為，有所作為，還是要從管治隊伍的選拔和培養上，建立起善治的治港人才機制。

全國政協副主席、國務院港澳辦主任夏寶龍在「香港國安法實施一周年回顧與展望」專題研討會上指出，愛國治港者須具備五項標準，即立場堅定、擔當作為、為民愛民、有感召力以及有責任心。國安法是「銅牆鐵壁」，護香港之安定、

安危與安全。但是這個「大鐵槌」不能成為香港管治階層唯一的武器和助力，人心不是管出來，是用情來重塑凝聚的。法能穩江山，但是心能定山河，法是外爍，是強力，而認同是內省，是真情。

良政需要制度的保證與護航，善治需要人才的專業與專注。只有有能力的、高水平的管治人才，才能剛柔兼濟，一方面讓嚴法維護香港大局之穩，另一方面心繫百姓，為民眾做好事，辦實事，讓市民從心裏來認同政府，從實際上享受到國安法帶來的安定和紅利，這才是國安法實施的內面與其用度的雙輪驅動所在，這也是香港實現自主治理，探索香港發展道路的核心關鍵。

大公報 | 2021-08-03 報章 | A12 | 評論 | 焦點評論 |

8 月 3 日 | 中通社香港新聞網轉載

「十四五」賦港新定位
抓緊機遇構建發展新格局

8月23日起一連三天，由國務院港澳辦、國家發改委、科技部、中國人民銀行等多部門組成的宣講團，就國家「十四五」規劃綱要中直接涉港的部分，向香港各界作出宣講。在「十四五」規劃中，賦予了香港新的定位和更廣闊的發展空間。

在經濟發展方面，「十四五」規劃綱要除了一如既往地支持和肯定香港在四個「傳統中心」的提升與建設，即支持香港提升國際金融、航運、貿易中心和國際航空樞紐地位，更是強調了支持香港建設四個「新興中心」，即建設國際創新科技中心、亞太區國際法律及解決爭議服務中心、區域知識產權貿易中心，支持香港服務業向高端高增值方向發展，支持香港發展中外文化藝術交流中心。

在民生方面，綱要更是提出要加強內地與香港在各領域的交流合作，尤其是在完善港人在內地發展和生活的配套舉措和政策保障。

無論是特區政府還是社會各界人士，對於中央在未來發展規劃中，對香港的大力肯定和嶄新定位，皆是備受鼓舞，反應熱烈。

在筆者看來，綱要是一個重新定位香港及其發展格局的里程碑，對香港的規劃是「一字千金」，對香港的初衷是「一體同心」，為的是使香港在未來應對百年未有之大變局的國際形勢中，可以做到「一身多為」。

「一字千金」對港影響深遠

當時間的車帆行駛至 2021 年，香港已回歸祖國二十四年。在這段時間裏香港的發展始終是「佛系」的，甚至可以說在社會結構發展和經濟轉型的意識方面是被動的、薄弱的，有點盲目的自以為是；香港的發展規劃是鬆散零碎的，從未有意識地去整合和統籌政治、經濟、文化等方面的同步發展格局。以往的香港有自身地緣優勢，有中央給予的政策支持與體制優勢，但是從來都沒有主動積極地發揮背靠祖國、與內地交融的這些優勢。

在國內國際雙循環的發展格局下，「十四五」的香港規劃，是要求香港融入國家發展大局，特區必須找準自己的位置，把握國家前行的節奏和脈搏。正如中聯辦主任駱惠寧指出「全球發展的最大機遇在中國，香港發展的最大機遇在內地」，香港發展的指路牌若是不轉向內地，便將會逆歷史發展之行，注定要錯失良機。

「十四五」規劃中的香港發展新定位，顯示出內地與香港的發展步調上，兩者前後發生了根本性變化。在上世紀八九十年代，香港是內地改革開放的風向標，是引領內地改革潮流的前沿風景線，更是內地走向世界，接軌國際的橋頭堡。但是在這二十多年的發展中，內地的經濟崛起和文化繁榮是蓬勃發展的，也是勢不可當的。

遺憾的是，在過去較長的時間裏，香港一些人沒有接受內地的崛起和發展的新局面，在國家發展的節奏中，也看不清路，尤其是在處理與國家的關係和內地發展的協作上，忽略了中央作為發展主導的核心地位。

「蘇州過後無艇搭」

2017 年，國家主席習近平視察香港，在慶祝香港回歸祖國 20 周年大會暨香港特別行政區第五屆政府就職典禮上發表重要講話指出，香港背靠祖國、面向世界，有着許多有利發展條件和獨特競爭優勢。特別是這些年國家的持續快速發展為香港發展提供了難得機遇、不竭動力、廣闊空間。香港俗語講，「蘇州過後無艇搭」，大家一定要珍惜機遇、抓住機遇，把主要精力集中到搞建設、謀發展上來。如果陷入「泛政治化」的漩渦，人為製造對立、對抗，那就不僅於事無補，而且會嚴重阻礙經濟社會發展。

國際競爭的局勢是風雲詭譎的，中國和平崛起的大勢是勢不可當的。如果說在非法「佔中」之後，有些人沒有看清這一點，那麼經歷了黑暴和新冠肺炎疫情對香港的雙重打擊，香港市民應該要從根本上意識到，沒有國家作為堅定的安全後盾，香港將會是脆弱，甚至是危險的。

「十四五」規劃的最大意義就是，給了香港在國家發展藍圖中，一個新的經濟定位，提出了新的轉型要求，使之革去舊有的陳腐之思，重新構建香港未來發展道路上的活力之局。

大公報 | 2021-08-26 報章 | A12 | 評論 | 焦點評論 |

8 月 26 日 | 中通社《香港新聞網》轉載

8 月 30 日 | 點新聞轉載

新選制為愛國者提供了嶄新的參政平台

《2021 年完善選舉制度（綜合修訂）條例》（《條例》）通過後的第一場選舉即選舉委員會界別分組一般選舉，即將於本月 19 日舉行。這是一場非常重要的選舉，是全面落實「愛國者治港」原則、推動香港實現良政善治的關鍵選舉。某種程度而言，新選舉具有回應時代的重大歷史意義。

保障「優質民主」得以實踐

新選制的第一個「好」在於為香港管治環境把好了第一道關。新選制的「新」不僅僅只體現選委會人數和立法會席位的增加、使之更具有代表社會各階層團體的利益，更重要的是，新選制為特區政府朝着實現良政善治邁進、腳踏實地推動管治工作，提供了一個前所未有的良好環境。

新選制的第二個「好」在於新選制保障了香港的「優質民主」得以具體實踐。「西式民主」不是適合香港道路發展的制度，犧牲國家安全和發展利益的種種行為，何異於打着「民主」口號行「賣國」之無恥。

面對仍有極少數人從「參選人數多寡」來唱衰香港「民主退步」，政制及內地事務局局長曾國衞在接受訪問時指出，這次的選委會界別分組選舉制度的重心跟以往的選舉機制是有所不同的，「畢竟我們的重點並非『激烈的競爭』或『參選狀況』，確保落實『愛國者治港』原則才是最主要的目的。」

從宏觀角度來看，1500 個選委會席位具有廣泛的代表性，涵蓋了社會各階層代表。從工商、金融、專業界，到基層、勞工和宗教界以及立法會議員和地區組織，再到港區全國人大代表、全國政協委員及全國性團體香港成員代表，所構成

的五大界別，多元、民主、專業，成為了真正的香港普羅大眾「代言者」。一個健康的香港民主社會，是讓擁護基本法和效忠特區的人形成一道維護香港安全的屏障，讓香港社會在和諧奮進的氣氛中尋找到人民當家作主的自豪感和認同感。

新選制的第三個「好」在於對選委的賦能得到進一步的增強。從本月舉行的選委會選舉，到十二月的立法會選舉，再到明年三月的特首選舉，選委不僅具有提名權、選舉權，更重要的是，他們也被賦予了特殊的「監督權」。換言之，選舉和管治不是割裂的，選舉本身就是參與管治香港的一個環節，也是謀劃香港發展藍圖的重要一筆。民建聯以「推動香港變革實現良政善治」為主題，工聯會提出「八大主張」，都代表了廣大香港市民對新選委會的高度期許，選出敢擔當、善作為、貼地氣的愛國愛港管治者，衝破制約香港經濟發展和民生改善的各種利益藩籬，消除各種痼疾，不斷推進香港由亂及治、由治及興的新發展階段。

在過去的二十多年裏，香港選舉制度有如一個「無掩雞籠」，混進了一批反中亂港分子，破壞特區政府施政、挑起內鬥撕裂社會。

毫無疑問，新選制對治港愛國者提出了更高的標準要求。如果說以往還能將管治問題歸咎於社會大環境，那麼在愛國者治港的新時代之下，就再找不到可以推卸責任的理由了。「能」的治港者要敢於為國家利益發聲，敢於為香港發展作為，敢於為社會民生謀出路，他們既是香港撥亂反正的見證者和捍衛者，也必然成為解決香港深層次問題的擔綱者和推動者，最終將成為變革香港進程的書寫者和締造者。

為香港把好關、守好門

香港僑界在香港擁有超過二百萬人，擁有廣泛的民意基礎和強大的團結力量，是特區政府依法施政的堅定支持者，此次能將僑界聲音帶進選委會，既體現

了中央對香港僑界的肯定與倚重，也進一步鼓舞了廣大在港僑界人士。我們僑界選委，定會履職盡責，為香港把好關、守好門，同時也將與香港僑界人士一道，對外講好中國故事，樹立香港新形象，對內成為聯動內地與香港的橋樑和管道，成為「愛國者治港」的智囊團、人才庫，為香港融入國家發展貢獻僑界力量。

「好馬配好鞍，好船配好帆」。新選制是落實「愛國者治港」的重要制度保障。好的新選制走在前，「能」的愛國者要跟得上步伐。治港的愛國者們要把握新選制的歷史機遇，走在香港新時代的前沿，讓香港年輕一代有更好的出路，造就一代之新人才；讓香港的社會問題，在管治架構內得以妥善解決和安頓，讓市民享受到安居樂業的幸福，成就這一時代新的繁榮；讓香港的管治層在民生問題上磨煉自我，以開創香港發展新時代。

大公報│2021-09-14 報章│A12│評論│焦點評論│

承上啟下新選制　良政善治新開端

　　9月19日上午9時，2021年香港特區選舉委員會界別分組一般選舉正式拉開了帷幕。從形式上看，本次選舉第一次採用電子選民登記冊系統，嚴格認證身份，獲授權的投票人在香港會展中心、九龍公園體育館、雅麗珊社區中心、屯門大會堂、沙田大會堂以及警署專用投票站完成投票。作為完善香港選舉制度後的首場實踐，本次選委會的選舉在重新優化各個界別（例如增加了有關全國性團體香港成員的代表）、地區和政團的利益結構和選委增能賦權的方面，鑄就了具有香港特色的、均衡參與的優質民主。

　　筆者認為，是次選委會選舉是一次從時間維度到運作機制再到香港發展模式各方面，都具有「承上啟下」意義的新實踐，這不僅是對「愛國者治港」原則的有力詮釋，更是對「一國兩制」方針的創造性呼應。

確立選賢任能核心宗旨

　　第一個「承上啟下」是在時間的維度上，是次選舉上承國安法「由亂及治」的穩定大環境，下啟「十四五」規劃「由治及興」的繁榮大步伐，可以說選舉本身構成了如何穩定香港、如何繁榮香港的重要一環。這1500名委員不僅負責提名、選出下一屆的行政長官和部分立法會議員，更是在遴選一個擔得起國家重託、匯聚得了香港民心的領導班子，將穩定的政治環境轉化為振興香港經濟的動力，將解決民生問題和社會矛盾作為首要任務來看待，為香港盡責，為國家盡忠。只有將香港發展好，才是符合國家安全利益和民族復興的基本期待。

　　第二個「承上啟下」是在選委會的運作機制上，即當今的選委不僅要做民生

的傾聽者、民意的反映者、民情的傳達者，更要做管治隊伍的監督者和政府施政能力的檢驗者。以往的選舉制度有如「無掩雞籠」，反中亂港分子利用制度漏洞進入管治架構。選舉制度的完善不僅杜絕了這種漏洞，更對選委本身的素質和能力提出了高要求和新標準。

在選委會的 1500 個席位中，除卻 325 人被裁定為選委會當然委員，156 人經提名產生為選委以及 603 名候選人自動當選外，剩餘的 412 名候選人必須要競逐 13 個界別分組的 364 個席位。9 月 11、12 日，選舉委員會的第五界別委員共同發起了「落實愛國者治港推動良政善治」的街站宣傳活動，近千名當然選委和自動當選的選委走上街頭、進入社區，主動聽取市民對推進良政善治的意見和聲音。可以說，選舉制度在完善後，在本質上是落地了，扎根了。

完善後的選舉制度，體現了「執政為民，以民為本」的理念已然成為香港選賢任能的核心宗旨。選委要做香港的政治「承上啟下」的「橋」，一頭連接市民，一頭連接政府，在為香港繁榮穩定把好關，守好門的同時，選舉和監督符合標準的愛國治港者，成為香港政治結構中一個聯動民間和管治隊伍的重要樞紐角色。

第三個「承上啟下」是在香港發展模式的摸索上，新選制本身就具有高度的「道路自信」，即它不僅拋棄了一個被動的、撕裂的、民生失語的選舉制度，更是開創了一個具有香港民主特色、匯聚香港民聲、代表家國視野的選賢機制。這就意味着，新選舉的意義要放在中國政治理論探索的框架來衡量。

150 多年的港英統治時期香港並沒有應有的選舉權。回歸之後，特區又不斷遭受英美政治黑手的干預和擾亂，甚至出現 2019 年的黑色暴亂。選舉制度完善和優化，可以說是香港優質民主確立的開端。從這個意義上來看，9 月 19 日的第一場選委會選舉，象徵着香港邁入了一個新的管治時代。

新選制下的選委會選舉，堪稱回歸後香港政治制度發展的里程碑，是「一國

兩制」不斷完善發展的新寫照，是「愛國者治港」原則對香港的新要求，更是香港管治邁上良政善治的新起點！

大公報｜2021-09-20 報章｜A12｜評論｜焦點評論｜

善用制度優勢　破解深層次矛盾

　　2021 年選舉委員會界別分組一般選舉圓滿結束，可以說是歷經 2019 年黑暴之後，繼頒布實施香港國安法、完善特區選舉制度後的一次從法律制度的修正到具體實踐的落地，可謂是香港由亂及治「三部曲」的序章之完成。香港能有當下的平穩、和諧之社會環境，是付出了代價，得到了教訓才換來的。

　　香港的歲月靜好是有了，但如何守得住香港政治之「寧靜」和發展之「美好」，除了國家層面上的紅利政策和精準扶持，更重要的是要有壯士斷腕，勇於自責，正視和改變香港深層次矛盾的決心、能力和毅力。

「去殖」工程要觸及靈魂

　　筆者在不久前接受中評社專訪時就「深層次矛盾」提出了自己的認知與看法，但意猶未盡……「香港深層次矛盾」從形而上的角度來說，就是身份認同和捍衛核心價值的問題；從形而下的角度來看，是貧富懸殊、經濟結構單一、產業空心化、青年無法上流的問題。一個問題，兩種表述，但殊途同歸，歸根結底都是文化認知的矛盾，是「殖民文化」和愛國文化之間的矛盾，是不同制度觀念上的矛盾。換言之，房屋問題、貧富差距等都是文化認知矛盾的外溢。

　　文化認知上的不協調、不一致，就容易造成一個社會出現空心化、散沙化的趨勢。外交部日前公布《美國干預香港事務、支持反中亂港勢力事實清單》，系統梳理了 2019 年黑色暴亂以來，美國的黑手如何在香港內部事務中撥弄是非，向反中亂港勢力暗輸政治黑金和燃料，意圖製造香港與內地分裂。尤其是部分香港青年，寧願做西方的走卒，不願做中國的主人。究其原因，還是因為，自九七

回歸後，人回來了，心還沒有回來；而自國安法頒布實施後，人心是「怕」了「匿」了，但還沒有完成從「怕」到「服」的過桯轉化。

早在今年的三月，《紐約時報》發表了一篇文章，大肆地渲染香港選舉制度的變化在本質上是「顛覆了香港的政治格局，重新定義了這個城市與民主的關係」；9月24日，該報繼續「開炮」，「哀悼」香港的選舉已然淪為一場巨大的「民主的宏大表演」云云。《紐約時報》的立場自然與亂港勢力「惺惺相惜」，但更值得我們深思的是，為什麼亂港勢力的「民主」執念會有一定的市場？無論從理解還是在內涵上，亂港勢力認為的「民主」和我們所追求的民主，有很多不盡相同之處，這就是「殖民文化」和愛國文化之間的矛盾。

「去殖」的工程對於香港來說，不過是剛起步，還沒有深入到骨子，觸及到靈魂。而「民主」迷思所暴露出的文化認知問題，政治認同之薄弱又與民生問題、青年問題息息相關。當前途迷茫，看不到未來的青年在人生的十字路口彷徨的時候，是最容易遭受到極端狂熱的政治鼓動而走上街頭的，他們無一不是自己人生的迷茫者，卻在「革命」的「神聖旗號」下成為了自己國家的「出賣者」。

「執政為民，以民為本」

再如新民黨主席葉劉淑儀在立法會上詢問，如何可以讓香港社會縮小貧富差距而達至中央所號召的「共同富裕」，當局坦言香港是「外放型資本主義社會」，沒有貧富差距的情況是微乎其微的。有關的提問和答覆都是從現實出發的，但其顯示出來的矛盾則是典型的社會主義認識和資本主義認識的分裂。但這種分裂難道不是香港當下一直存在的困境嗎？

要解決香港社會的深層次矛盾，還是要回到「一國兩制」的初心與原點，這個初心便是「執政為民，以民為本」的理念；而這個原點就是「一國兩制」、愛

國者治港。深刻理解「一國」原則，善用「兩制」之利的各種有利因素，用愛國的忠心來調和各種問題，用社會主義的基石來包容、吸收、消化資本主義的優勢，在政府行政主導的同時，深植「以民為本」思想宗旨。只有這樣，原點才不會偏航，初心才能找準位置，矛盾也就能逐漸化解，甚至徹底破解。唯有如此才能讓香港的「兩制」對得起「一國」的期許。

大公報 | 2021-09-28 報章 | A12 | 評論 | 焦點評論 |

9 月 28 日 | 中通社《香港新聞網》轉載

香港應如何建設高水平創科人才高地？

中央人才工作會議上周二（9月28日）閉幕，國家主席習近平於會議期間提出要「堅持面向世界科技前沿、面向經濟主戰場、面向國家重大需求、面向人民生命健康，深入實施新時代人才強國戰略，全方位培養、引進、用好人才，加快建設世界重要人才中心和創新高地。」習主席又指出在進行相關戰略布局的過程中「可以在北京、上海、粵港澳大灣區建設高水平人才高地」。香港作為大灣區中心城市和核心引擎，又該如何因應國家的最新人才戰略呢？

盡快檢視人才政策和方向

值得關注的是，習近平主席在此次會議上特別強調，「綜合國力競爭說到底是人才競爭。人才是衡量一個國家綜合國力的重要指標。」而「高水平科技自立自強是關鍵」。國家「十四五」規劃明確支持香港建設國際創新科技中心，把河套深港科技創新合作區列為大灣區四個重大合作平台之一，積極推進粵港澳大灣區發展。但創科中心必須要有高水平人才的支持，香港需要重新檢視人才政策和方向，盡早制定一套完整的中長期人才培養和引進規劃，以期在全球白熱化的人才爭奪競賽中立於不敗之地。

國務院日前發布《全面深化前海深港現代服務業合作區改革開放方案》，除了強化香港的金融、法律等專業服務優勢外，還提出促進香港和內地創新鏈對接聯通，完善國際人才服務、創新基金、孵化器、加速器等全鏈條配套支持措施。特區政府早前發布的《香港營商環境報告》亦指出，本港「人才資源豐富」，其中在創科人才方面，香港擁有五所「世界百名」的大學，數以千計的創科學者及

研究人員，以及聯繫國內外一流科研人才的能力。

然而，與連續多年成為內地最多人口淨流入城市的深圳相比，香港培養及吸引創科人才的力度仍有不小差距。2021 年 4 月的數據顯示，深圳市科技人才逾 200 萬人，各類人才總量達 600 萬人，深圳科技人才佔全市人才總量逾三分之一。而香港為了吸納世界各地的創科人才來港從事研發工作，於 2018 年 5 月實施「科技人才入境計劃」，首年名額定 1000 個，截至 2020 年 2 月，創新科技署只批准了 321 人。這顯然與政府的預期差距甚大。

毋庸諱言，本屆政府對創科的重視超過歷屆政府。過去 4 年，香港循着八大政策方向推動創科發展，包括增加研發資源、匯聚科技人才、提供創投資金、提供科研基建、檢視現行法規、開放政府數據、改變政府採購方法和加強科普教育，至今投放了超過 1100 億港元落實多個項目。但受制於本港科創企業數量相對不足、加之房價房租等生活成本昂貴，以及前些年社會環境巨變，在一定程度上阻礙了人才來港發展。

人才是創科發展的關鍵，政府應透過一系列措施來吸引、培育和挽留人才，多管齊下壯大創科人才庫。除了推動創科生態持續發展以提供創業、就業機會外，應積極推動本地大學與世界頂尖院校及科研機構，共同成立研發中心及實驗室，進行環球科研合作，把科研項目於香港落地，日後可以產業化。

解決科研成果產業化問題

特區政府目前已出台一系列政策措施支持初創企業同時培育人才。其中，「大學科技初創企業資助計劃」支援由六所大學團隊成立的科技初創企業將其研發成果商品化；「創科創投基金」則以配對形式投資在香港的初創企業。香港科技園公司和數碼港亦有不同的培育及加速器計劃，為科技初創企業提供財政、技術及

業務支援，以及工作空間和共用設施。此外，政府透過「優秀人才入境計劃」及其他入境計劃吸納海外人才來港發展。特區政府在近年亦已制訂香港人才清單，為 11 項專業（包括資產管理專才、海運保險專才、金融科技專才等）提供入境便利，並推出為特定行業而設的人才計劃，如「傑出創科學人計劃」，以更有效地及聚焦地吸納相關專才。

發展創新科技對於香港改變產業單一結構，提升經濟競爭優勢具有獨特的作用。中聯辦主任駱惠寧 9 月 30 日先後走訪慰問香港漁民、創業青年、社區居民、臨街商舖和「籠屋」住戶，其中駱主任特意前往位於鋼線灣的數碼港，看望從事創新科技發展及創業的青年。駱惠寧指出，香港建設國際創科中心，不僅要培育和引進大批高端科研人才，在一些科研領域形成突出優勢，還要解決科研成果產業化和市場空間問題，這就必須要融入國家科創體系和發展大局，合力打造粵港澳大灣區高水平人才高地。

駱主任的話須引起高度重視。特區政府應因應中央人才戰略，盡快出台更加全面完善的吸引人才的政策，使香港成為名副其實的大灣區人才高地。

大公報 | 2021-10-05 報章 | A12 | 評論 | 焦點評論 |

10 月 5 日 | 中通社《香港新聞網》轉載

〔第三章〕

時事銳評

被當作「炮灰」「口罩黨」該清醒了

困擾香港社會的暴力衝擊事件已持續三個月，本港遭受的損失無法估量。戴口罩、着黑衣成為亂港派、「港獨」分子、暴徒在暴力衝擊中的「標配」，他們給曾經繁榮、自由、民主的香港蒙上了一層揮之不去的陰霾。在 6 月 9 日第一次暴力衝擊後，筆者就冠以這批亂港分子「口罩黨」的稱謂。

須抵制「口罩黨」荼毒學生

在連續的暴力衝擊之下，香港市民被這群「口罩黨」折磨得痛不欲生，民眾也對原本用作阻擋有害物質、保護人們健康的口罩，產生了施暴、亂港等負面形象，口罩成了「反中亂港」的標誌，大眾對口罩出現了恐懼的心理陰影。而「口罩黨」對被幕後黑手利用了卻毫不自知。

在香港機場、港鐵等公共場所遭受「口罩黨」的連續破壞後，他們又在大、中學校開學之際發起罷課，將暴力的氣氛帶進校園，影響惡劣，着實讓人氣憤。「口罩黨」將街頭的抗爭引入本該純潔的校園，利用年輕人的熱誠，當作他們不擇手段達到政治意圖的籌碼，讓原本動盪的香港變得更加不安。

「口罩黨」將黑手伸向學生已不是第一次，在之前的暴亂中，警方拘捕的暴亂少年中，年齡最小的僅有 12 歲。青年人是未來香港的希望，如果他們分不清是非，只一味參與暴亂，甘心被「反中亂港」勢力利用，那香港的未來着實令人擔憂。我們應堅決抵制「口罩黨」污染校園，避免學生受教唆，進而帶來不可挽回的影響。

此次暴亂中，不少青年、學生淪為爛頭蟀，顯示多年不論政府或民間的青年

工作仍未臻完善。當然，「反中亂港」勢力對搞殘香港，破壞「一國兩制」的心思是不會因一兩次的挫折、失敗而妥協或收斂，只會更加講究破壞策略，抓住一絲機會做各種反撲，利用普通市民做掩護，挾民意達到亂港兼奪取議席的目的。對此我們應警鐘長鳴，只有將群眾工作，特別是青年工作做扎實，讓青年們不斷提高明辨是非的能力，認清「反中亂港」勢力的嘴臉，未來的香港才能得到長久的安寧。

如今，特區政府已經宣布正式撤回修例，最大程度釋放誠意和善意，並提出了四項務實的行動回應示威者。然而，「口罩黨」的暴力衝擊並未因政府釋放出誠意與善意而停止，反而愈演愈烈，毫無底線。

在和平示威演變成激進暴力後，筆者就曾提出，暴徒們只是利用反修例為引線，他們以暴力衝擊作為亂港手段，近期目標是今明兩年的選舉，遠期目標則是達到最終「反中」、破壞「一國兩制」的目的。我們要認清「口罩黨」的背景與目的，並且除了聲明、譴責之外，還要勇敢面對，揭穿真相，對那些暴力犯罪的骨幹分子及其背後的策劃者、組織者、指揮者，要追究到底，絕不手軟。

用選票摒棄亂港代理人

我們更要動員更多力量，呼喚還在沉默的市民，在今後的選舉中，不選那些「反中亂港」的代理人，才能徹底淨化香港的政治生態，才能讓特區政府依法有效施政，才能彰顯「一國兩制」偉大實踐的優越性。

親眼目睹三個月的暴亂，看着如今被「口罩黨」不斷破壞和糟蹋的香港，我感慨良多。曾經是國家改革開放的前沿、聯繫西方世界橋頭堡的香港，現在則成了西方反華勢力「反中亂港」、「顏色革命」的「試驗田」。美麗與繁榮成為奢侈的目標，而自由與民主則成為暴亂的藉口。可悲的是那些自詡為「香港人」的

群體，他們根本不知道只有做「中國香港人」才能挺直腰板行走於世界。

被利用的「口罩黨」和還在沉默中的港人，你們該清醒了！

大公報 | 2019-09-09 報章 | A12 | 評論 | 焦點評論 |

「平定」內會亂局
建制派齊心止「攬炒」

　　立法會內務委員會擾攘逾 7 個月，仍未選出主席，已嚴重干擾內會乃至立法會運作。立法會主席梁君彥取得外聘英國御用大律師及本港大律師的法律意見後，決定引用《議事規則》第九十二條引入一項新程序，指定財委會主席陳健波昨日主持內會選舉主席程序。最終，陳健波最後不辱使命，成功「平定」內會亂局，選出李慧琼擔任新一屆內會主席。

　　反對派為阻選舉主席，昨日於內會再次使用暴力，扯黑布遮擋視線、企圖衝向主席台、撕毀《議事規則》……可謂窮兇極惡、醜態百出！

　　建制派對此亦有充分的思想準備和強力的反制手段，並非與反對派纏鬥或僅僅抗議了事，而是以背水一戰的心態，鮮明「亮劍」反「攬炒」。雖然內會舉行不久便因為秩序混亂需要暫停會議，但復會後陳健波引用《議事規則》，果斷驅逐多名反對派議員離開會議廳，最後僅用十多分鐘就順利完成內會主席的選舉，李慧琼成功連任內務委員會主席。

　　議會鬥爭永遠是既鬥智又鬥勇。立法會主席掌握主持議會大權，建制派擁有人數優勢，根據《議事規則》及《內務守則》，要破解內會困局並非難事。但在 5 月之前，長達 200 多天的亂象中，建制派往往以君子之態對付流氓作亂，不敢公然對陣，不敢果斷用權，更不敢用手上的反制工具，任由反對派肆意「拉布」騎劫、「攬炒」香港。說得嚴重一點，這就是綏靖主義作祟，缺乏背水一戰的決心。

　　對付反對派的流氓無賴拖延戰術，建制派只有拿出更大的敢擔當勇負責的表現，方能破解內會僵局。5月8日與18日，我們看到了不一樣的建制派。李慧琼、陳健波負起主席和主持的責任，在建制派議員團結下，運用權力，面對反對派的無理取鬧、謾罵攻擊，無畏無懼、迎難而上，嚴格依規維持會議秩序，排除干預，保障會議進行，不僅完成了大量積壓已久的議程，並順利完成了拖延7個多月的內會主席選舉，為內會乃至立法會重回正軌踏出第一步。這顯示建制派只要眾志成城，便能有效制止反對派為所欲為的囂張氣焰。

　　反制反對派騎劫內會，只是建制派未來面對議會更嚴峻鬥爭的一次演練。9月立法會選舉必定是一場惡戰，建制派要保住立法會主導權，關鍵是要破除長期以來的迷思以及患得患失的心態，高舉反「攬炒」旗幟，令立法會重回正軌。

大公報 | 2020-05-19 報章 | A12 | 評論 | 有話要說 |

戴耀廷操控「初選」圖謀「奪權」

「攬炒派」早前搞一個違法的所謂「初選」，實際上是打響了九月「奪權戰」的第一仗，特區政府、愛國愛港力量萬萬不能掉以輕心。

這場「初選」的策劃者和操盤手是非法「佔中」發起人之一戴耀廷。眾所周知，戴耀廷是「反中亂港」勢力的軍師，他鼓吹的「公民抗命」、「違法達義」等歪理謬論對激進分子，特別是年輕人影響甚深，也對香港社會造成嚴重傷害。

戴耀廷策動這場「初選」有三個原因：

首先，把「初選」和立法會選舉工程，定義成為了「奪權戰」。這次「初選」真的如戴耀廷所言：「這次『初選』的機會，是超越『一個政治組織自己進行投票』的意義，而是成為一個香港公民社會進行決定的重要機制，對香港未來民主發展影響深遠」？

事實上，戴耀廷策動的「初選」講解中明確提到，要「光復立法會」、「堅持五大訴求」等，綱領中更提出要否決財政預算案等重要議案，企圖癱瘓立法會，進一步要挾政府回應「攬炒派」訴求。這正正說明了，「初選」的根本目的就是通過配票使「攬炒派」奪取立法會過半數議席，從而挾持立法會否決預算案和政府政策，「攬炒」香港。

其次，宣示「攬炒派」對抗到底的決心，妄圖通過要挾中央政府、威逼特區政府，實現「奪權」陰謀，達到將香港變成獨立政治實體的目標。戴耀廷早前曾公開揚言，要以獲得「大殺傷憲制武器」去達到阻撓政府施政、「攬炒」香港的目的。

這是一場有組織、有預謀、有綱領、以癱瘓立法會為目標的操控奪權行動。戴

耀廷設計從「奪權三部曲」到其後的「真攬炒十步」，公然操控選舉，蓄意製造經過小圈十師選的參選名單，是對特區現行選舉制度的嚴重挑釁，是對立法會選舉公平公正的嚴重破壞，是對其他擬參選人合法權利和正當利益的嚴重損害。若放任不管，它勢必打破行政主導的特區政治體制，打破回歸以來各黨各派相對平衡的政治運作體系，將給特區未來社會政治發展帶來難以估量的嚴重後果，也將由此削弱特區政府的管治能力，並進而削弱中央政府對香港特區擁有的全面管治權。

第三，2016 年立法會換屆選舉，戴耀廷策動「雷動計劃」初嘗甜頭，成功以「配票」方式影響選舉公平公正；2017年特首選舉中攪局，叫反對派選委按所謂「全民投票」結果在特首選舉中投票；去年再組織「風雲計劃」，策動偽裝「政治素人」的「港獨」「自決」分子搶佔區議會議席，妄想將來可成為特首「造王者」。

戴耀廷再三策動亂港行動，導致近年法治不彰。此次所謂「初選」已涉嫌觸犯香港國安法及《選舉條例》。行政長官林鄭月娥日前發表聲明，強調香港選舉制度沒有「初選」機制。如果所謂「初選」是為達至所謂「35+」結果，目標是阻撓政府施政，可能會違反香港國安法中顛覆政權罪行。政制及內地事務局亦發聲明，指該「初選」活動，無論是形式、程序及結果，均不為香港選舉法律所承認或認可。

這場「初選」明顯違法，期待執法部門可以依照香港國安法及其他本地法律，徹查戴耀廷策動「初選」背後的種種動機。同時，當局對於參加「初選」的「攬炒派」，打出各種明「獨」暗「獨」的選舉口號或政綱，也絕不能坐視不理，必須重拳打擊「攬炒派」的歪風邪氣，維護 9 月立法會選舉的公開公平公正，讓香港再次回歸理性平和的法治社會。

香港安徽聯誼總會常務副會長、安徽省政協港澳台僑和外事委員會副主任

大公報│2020-07-15 報章│A12│評論│議事論事│

7 月 14 日│中國評論通訊社《中評網》轉載

長期亂港一夕變臉攬炒政客休想混入閘

　　9 月的立法會選舉是香港國安法實施後舉行的首次選舉。選舉主任近日去信多名攬炒派參選人，就他們是否反對香港國安法、有否要求外國制裁香港、推動「港獨」「自決」等議題詢問其立場。這些長期「反中亂港」的參選人突然紛紛「變臉」，早前還口口聲聲大叫「港獨」、明言反對香港國安法等，回信時卻表示放棄「港獨」立場、「真誠擁護基本法」、否認有意繼續請外國制裁香港云云。攬炒派為了「入閘」，大玩語言偽術，企圖蒙混過關。選舉主任應嚴格把關，DQ「攬炒」政棍。

　　說攬炒派一夕「變臉」，是因為他們長期以來呈現出來的真實面目就是「反中亂港」、支持「港獨」、煽動黑暴、挾洋自重、乞求外力制裁香港……不一而足。就在本月中，包括黃之鋒、劉穎匡、朱凱廸、岑敖暉、何桂藍、張崑陽、陳志全、譚得志等 20 多個攬炒派在所謂的「初選」前發表了「聯合抗爭宣言」，表明將會運用立法會權力否決預算案，脅迫政府回應所謂的「五大訴求」，宣言更提及無論選舉確認書會否加入香港國安法有關內容，均義無反顧的反對國安法。這是赤裸裸製造所謂的「憲制危機」，實現「攬炒」目的。這將讓每個香港人置身於一場巨大的政治、經濟、社會危機之中，並為之付出難以承受的代價。

　　時隔半個月，面對選舉主任的查詢，他們卻忽然變調，口口聲聲支持香港國安法、擁護基本法，以往「反中亂港」、推動「港獨」、煽暴，甚至多次乞求外國勢力制裁的舉動，似乎已拋到九霄雲外，這種以今日之我打倒昨日之我的偽裝術和權宜之計，選舉主任難道看不出來嗎？

　　事實上，攬炒派回應選舉主任的內容，完全是以「初選」策動者戴耀廷設計

文評武論

的方案進行。按照戴提出的「順從」論，參選人先行取得參選資格，成功贏取逾半數的議席後，才繼續作賣港、害港行動。我們完全有理由相信，攬炒派的突然轉軚，只是為了「入閘」參選的權宜之計，毫無政治人物的基本誠信。他們每一宗亂港勾當，每一段反中言行，都雁過留痕，都有記錄可查，不是他們今日突然轉軚擁護基本法，轉軚效忠特區，就可以將他們以往的所為一筆勾銷，這只是他們的一廂情願。

立法會是本港管治架構的重要組成部分，承擔立法、監督、配合施政的憲制責任。根據現行選舉條例，選舉主任有權依法決定個別報名的參選人是否符合相關候選資格。在確認候選人的參選資格前，選舉主任會按情況，諮詢相關政策局和部門，包括律政司、政制及內地事務局等的意見，並在有需要時按《選舉管理委員會（選舉程序）（立法會）規例》要求參選人提供其認為適當的額外資料，以令其信納候選人有資格獲提名或該項提名為有效。

必須指出的是，任何主張、推動或實施「港獨」，反對香港國安立法，尋求外國政府或政治性組織干預香港內部事務，主張「攬炒」香港等言行，皆違反國安法，不符合擁護基本法、效忠香港特區的條件，完全沒有「入閘」參選的資格。選舉主任必須嚴格把關，不應只參考參選人的提問回覆，更要考慮他們過往多年來的言行，作出嚴格審查，絕不能容許「攬炒香港」的政棍以花言巧語蒙混「入閘」，甚至當選，在立法會內又再大搞政治亂局，騎劫議會，癱瘓整個特區政府，「攬炒」全香港。

大公報│2020-07-30 報章│A08│評論│議論風生│

攬炒派又在妖言惑眾！

8月2日，應特區政府請求，國家衛健委組建首支60人「內地核酸檢測支援隊」的7名先遣隊隊員抵港協助開展實驗室工作。與此同時，「內地方艙醫院支援隊」也整裝待發，將為本港方艙醫院提供專業支持。這是香港疫情嚴峻態勢下的「及時雨」，得到了香港社會各界的歡迎。然而，一些攬炒派政客卻以謬論抹黑內地專業人員，再顯其冷血無情之本質。

本港爆發第三波疫情，每日新增確診個案破百，公立醫院隔離床位早已不敷應用，迄今仍有200多名確診者在家中等待入院治療；另一方面，每日核酸檢測數量有限，導致病毒擴散速度超過檢測速度。港大感染及傳染病中心總監何栢良日前指出，本港防疫環節已經遇上瓶頸，隨時可能出現單日500宗確診的情況。

內地的兩支專業隊伍就是基於本港嚴峻態勢而迅速組建的，目的就是馳援香港協助特區政府抗疫，絕非攬炒派口中的所謂「來搶飯碗」。

然而，有攬炒派區議員日前到醫管局總部抗議，質疑檢測支援隊的專業資格、檢測試劑質素等。他們或許不知，此次馳援香港的醫療隊伍成員既是精挑細選的「強將」，更是抗疫一線的「老將」。廣東醫療隊在援助武漢抗疫期間表現突出，總治愈出院率近九成；武漢大學人民醫院管理的方艙醫院，35天時間裏累計收治病患1124人，實現病人零死亡、醫護零感染、患者零復發。

此外，岑敖暉、黃之鋒等人更在網上危言聳聽，聲稱中央派人到港檢測，借防疫為名，收集全港市民DNA直送內地，要建立科技監控系統云云。香港醫務化驗所總會主席李偉振駁斥有關謬論，指出核酸檢測是找病毒的基因，而人類的基因是序列分析出基因圖譜，是兩種不同的分析。醫學會傳染病顧問主席梁子超

也解釋，人類的基因相當複雜，若要由唾液樣本抽取人類基因組，涉及複雜程序及高昂成本。顯然所謂的「DNA 送中」與「831 事件」一樣，純屬無稽之談，不過是攬炒派慣常使用販賣恐懼的手段罷了。

至於攬炒派將亞博的方艙醫院稱為「港版集中營」就更是貽笑大方。有網民在攬炒派文宣陣地「連登討論區」留言，透露自己入住亞博方艙醫院，發現該處「冷氣足、三餐好味」，條件遠勝駿洋邨，引來網友稱羨。攬炒派下次再抹黑特區政府或內地醫護時，煩請稍微動用些腦力，否則一不小心就洩露了他們的低水平。

本港當前正處於防疫抗疫最關鍵時刻，任何有利於防疫抗疫的工作都不應受阻於政治之爭，更不能罔顧生命製造對立，間接助長疫情擴散。病毒不會被政見爭議所消滅，只會因傳播鏈截斷而絕跡。希望大家放下分歧，正向看待內地援港行動，為國家隊助力香港創造和諧完善的工作和輿論環境，為控制疫情而團結努力。

大公報 | 2020-08-05 報章 | A08 | 評論 | 議事論事 |

8 月 5 日 | 中通社《香港新聞網》轉載

攬炒派「戲精」又自編自導自演醜劇

香港國安法實施後，黎智英、黃之鋒、周庭、許智峯等一班「身有屎」的亂港政棍，突然患上「被迫害妄想症」，經常妄稱被「神秘人」跟蹤，一邊製造莫名恐慌，一邊炒作新聞博同情。如黎智英利用旗下的《蘋果日報》大幅報道，聲稱連續多日被不明人士跟蹤，跟蹤手法純熟，質疑是紀律部隊云云。前「香港眾志」秘書長黃之鋒剛被選舉主任 DQ，就在網上眾籌平台開設專頁，稱被不知名人士及車輛尾隨跟蹤的情況日益嚴峻，希望「黃絲」捐款讓他聘請專業保鑣及司機云云。

聲稱被撞倒卻拒絕驗傷

攬炒派「戲精」、民主黨立法會議員許智峯近日也照單上演「戲碼」，「老作」被人跟蹤。不過，或許是入戲太深，在面對《大公報》正常採訪時，不僅粗暴攔截記者採訪車，更粗暴纏擾記者，其間還聲稱被撞倒。他此後糾集一批攬炒派區議員和所謂「街坊」到場包圍記者及對接案警員叫囂，還不忘重施故伎「插水」誣衊被警員推跌。許智峯在做足近 4 小時「大龍鳳」竟拒錄口供和送院驗傷。

許智峯製造的所謂「被跟蹤」和「車禍」鬧劇，被《蘋果日報》等黃媒大肆炒作，刊發假新聞配合許智峯，謊稱採訪車跟蹤許智峯事敗逃逸撞到人，大肆渲染記者為「國安人員」，更扭曲事實稱警方豁免查驗後放行涉事司機，企圖抹黑警方及煽惑仇警情緒。

許智峯在民主黨內有「癲鴿」之稱，無論在議會還是街頭，都熱衷於藉暴力

及出格行為出位，而且擅長現場「做戲」，劣跡斑斑。在對待新聞自由方面，他更是持雙重標準。

本月 10 日，壹傳媒創辦人黎智英等高層，涉勾結外國勢力及串謀欺詐罪名被捕，警方持法庭手令搜查壹傳媒大樓，許智峯即借題發揮，聲稱「香港的新聞自由十分重要」、「我在此呼籲，大家一起守護新聞自由」、「必須好好守護新聞自由」、「捍衛新聞自由，捍衛第四權」云云，他又無端指控警方「嚴重踐踏新聞自由」，結果被警方公開嚴屬譴責他歪曲事實。

過去一年，許智峯在黑暴現場，經常屢扮「戲子」阻撓警方止暴，並以記者作擋箭牌，借記者「過橋」稱警方阻記者採訪，乘機挑撥是非、煽風點火製造混亂。但是，當他自己成為追訪目標時，許智峯卻夥同他人包圍採訪車，恐嚇威脅記者，事後惡人先告狀，這明顯是雙標待人，亦嚴重踐踏新聞自由、侵犯正當採訪權利。

記協與攬炒派蛇鼠一窩

更值得一提的是，香港記者協會回應有關事件時非但不維護新聞同業的權益，更對受威嚇的《大公報》記者落井下石、冷嘲熱諷，竟以事件「有各種不同說法」為由，要求《大公報》記者召開中外記者會交代詳情，接受傳媒現場提問。

記得去年「修例風波」期間，不少「黃媒」聲稱遇上「警暴」，遭警員粗暴對待，事後警方也有作出否認和解釋。惟香港記者協會又有沒有因為事件「有各種不同說法」，要求涉事記者召開記者會，接受其他傳媒的提問？為什麼記協當時敢相信「黃媒」記者所言就是事實真相，但當涉事記者政治立場不同時，又忽然扮客觀稱要了解事件？難道只是因為政治立場不同，《大公報》記者就活該被粗暴對待嗎？

記協這是不折不扣的雙重標準,讓人不得不問,究竟這個協會捍衛的是傳媒業界的利益,還是反對派的利益?事實已經證明,這個以專業新聞工作者組織自居、打着維護新聞自由旗號的組織,不過也是立場先行、與攬炒政客蛇鼠一窩的雙標黨而已,哪有公正和公信力可言?

大公報 | 2020-08-18 報章 | A12 | 評論 | 焦點評論 |

8 月 17 日 | 中通社《香港新聞網》轉載

攬炒派「重燃戰火」圖謀失敗

　　黑暴沉寂一段時間後，攬炒派周日以所謂「四大訴求」為藉口再次策動非法遊行，並且揚言要「重燃戰火」、「全面開戰」云云。然而，這場亂港行動在警方有效驅散和果斷執法下無功而還，近 300 人因違反「限聚令」、參與非法遊行被票控或拘捕，顯示攬炒派再掀大規模暴力破壞的圖謀無法得逞。

　　前日是原定立法會選舉的日子，特首會同行會早前鑒於疫情嚴峻，為保障市民健康安全，緩引「緊急法」將選舉押後一年舉行，全國人大常委會亦決定現屆立法會繼續履職最少一年。人大常委會的決定具有無可挑戰的法律效力，亦是合乎情理，順應民意的決定。然而，對於在所謂「初選」中大勝的攬炒派而言，押後選舉令其無法乘勝追擊殺入立法會實現「35+」奪權目標，在政治議題欠缺着力點下，整體「抗爭」氣氛突被打沉。攬炒派策動非法遊行就是為了「集氣」、為下一步政治行動「試水」、為攫取政治私利「抽水」的意味。

　　據觀察，前天的非法遊行顯然經過充分的醞釀籌劃。過去數周，攬炒派借着攻擊抹黑內地專業援港隊伍、特區政府展開「普及社區檢測計劃」，正策備為便利市民跨境往來、有利本港經濟民生復甦的「港康碼」等，在社會中製造對立，販售恐慌，以便於他們興風作浪，為禍香港。

止暴是正道「攬炒」失民心

　　非法遊行前夕，多個攬炒派宣傳平台出現了大量有關遊行的文宣，攬炒派信心滿滿，本以為經過一段時間的宣傳、動員，這次遊行將會有幾萬人參與，這樣方便暴徒利用人群作掩護，藉機到處破壞，以達到所謂「全面開戰」的目的。然

而，前天實際參加非法遊行的只有寥寥逾千人，大部分時間大部分地點是真假難辨的「記者」比所謂的「抗爭者」還多，在黑暴期間屢見不鮮的大型堵路、破壞不復見，散兵游勇很快被警方驅散，無法形成氣候。

更值得關注的是，前日除了黃之鋒、梁國雄、黃浩銘、岑子杰等一小撮攬炒政棍以及部分區議會議員現身街頭外，一眾反對派立法會議員齊齊「隱身」，連暴亂常客鄺俊宇、林卓廷都低調起來，沒有再到現場「齊上齊落」，刻意與攬炒派保持距離，他們顯然已經預見到這場遊行難成氣候，沒有政治油水可抽，反而要承擔極大風險，斷送政治前途甚至身陷囹圄，這樣不划算的交易豈會值得他們冒險？

這場非法遊行的慘淡收場，反映在國安法強大威懾力下，黑暴「攬炒」已成強弩之末，也說明了經過逾年的黑暴，絕大多數市民已經感到厭倦，愈來愈多人反對暴力、「攬炒」，支持止暴制亂，恢復社會秩序。既無號召力和凝聚力，更失去民意支持，這樣的攬炒行動不失敗才怪！

我們還必須清醒意識到，雖然非法遊行雷聲大雨點小，但攬炒派絕不會就此甘於沉寂、不會甘心黑焰就此熄滅，其幕後黑手也不願看到香港從此平靜下來，他們隨時醞釀機會伺機反撲作亂。

香港國安法已經正式實施，香港已進入由亂入治的階段，在維護國家安全和法治穩定的大是大非問題上，沒有任何灰色地帶，全港執法、司法機構必須立場堅定、態度鮮明地懲治攬炒派政棍及違法暴力者，才能真正維護本港的繁榮穩定。

大公報 | 2020-09-08 報章 | A14 | 評論 | 焦點評論 |

9月8日 | 中通社《香港新聞網》轉載

讀「無獨」之書答「無獨」之題

9月初，一本名為《初中通識：個人成長與人際關係新視野》的教科書在網絡上被全城狠批。書中一則「議題剖析」的提問「年輕一代能令香港更美」，竟要求學生以被通緝而潛逃海外的亂港分子羅冠聰為例而作答。試問一個宣揚「港獨」、「告洋狀」的賣國賊，能為香港帶來何種美好？

該教材的編撰者之一是戴健暉，戴某是著名「仇警」分子，曾在社交網站發布詛咒警員子女的惡毒帖子。今年5月，他在課堂上竟要求學生觀看「港獨」分子馮敬恩的訪問片段，並污衊抹黑內地與香港關係，誘導學生樹立「我是香港人而非中國人」的價值觀。

「黃」師當道，散播「獨」書、洗白黑暴、煽動仇恨國家等種種教學亂象，使得政治凌駕於專業教育，部分學校更淪為「製獨工場」，「生產」學生暴徒和反中積極分子。

文以載「獨」，行而不遠，如何發動一場觸及香港教育「靈魂」的改革，又如何讓香港校園消「獨」素，拔「獨」根，通識教科書的編寫和審核應該被視為香港教育撥亂反正，猛藥去疴的重中之重。

通識科自2009年成為香港新高中核心科目，2012年被納入應考DSE必修課後，一無樹立應有的教材審查機制，二無統一正確的課本答案和教學綱要，三無組織有政治底線原則的編寫團隊。這些「三無」的通識教材逐漸淪為激進本土派和亂港分子宣傳其政治立場，唱衰「一國兩制」的「指揮棒」，成為他們將涉世未深的未成年人綁上「港獨戰車」，利用年輕人作為向中央和特區政府開炮的「政治燃料」的工具。

這些別有居心的幕後策劃者罔顧青少年的前程和心智健康，利用必修課程教科書播「獨」傳惡，意圖馴化青年學子為其政治組織「造血」造勢。一書不治，何以治香港之亂？面對通識教材歌頌暴力，是非不分以醜化內地，歪曲歷史以荼毒學子，社會各界人士早已發出是可忍孰不可忍的聲音。教育局就通識科教材的審核推出自願性質的「專業諮詢計劃」，並有六間出版社的八套通識教材完成了初步的修訂和刪減，但是有多少出版商會接受諮詢？又有多少教師會採用修訂後的教科書？

教育界必須要有壯士斷腕的魄力，刪除通識教科書中所有「精神鴉片」，為阻止反中亂港勢力滲透校園建好「防火牆」。故此，攻堅通識教材這塊「硬骨頭」，打贏這場校園消「獨」戰，首先要做到統一、淨化通識科的課本，由現行自願性質的「專業諮詢計劃」，改為強制教材試卷必須送檢，使學生讀無「獨」之書，答無「獨」之題，重建一套與基本法相適宜的通識教育體系和一部培養愛國愛港新一代的教學制度。

重編通識教材，建立審核機制，是「破」校園之「獨」的第一步，而展開國民教育和提升國安意識，則是為香港教育「亡羊補牢」，令學生建立國家觀念於教學的切入點。香港通識教育無力於塑造學生正確的歷史觀和明確的是非觀，這與教育界和辦學團體無心、無意、無力將愛國教育和普通話納入其教學必修體系有着密切的關係。這最終導致了「香港學子讀十數年的寒窗，不知何為祖國，考十幾載的考題，不明何為普通話」的怪象出現。

早前城市大學一名內地生遭一名本地生以水淋頭、襲擊和辱罵，如此醜態暴露出香港的基礎教育從根本上沒有完成應有的國家歸屬和民族情感之認同，造成社會一部分年輕人對國家懷有惡意。

要改變香港教育亂象，首先要剔除教師中的害群之馬，斬斷政治黑手收買學

生團體的途徑，再整肅內容偏頗的「黃」色通識教材，最終令香港的教育理念可以與憲法、基本法及「一國兩制」和諧共頻，從根源上為香港社會的困局尋出路，為國安痼疾覓「良藥」。

大公報 | 2020-09-29 報章 | A12 | 評論 | 焦點評論 |

9 月 29 日 | 澳門《濠江新聞》紙質版轉載

9 月 28 日 | 澳門《濠江新聞》新媒體轉載

9 月 28 日 | 中通社《香港新聞網》轉載

研內地港人投票計劃
修例改選舉制度不足

立法會選舉因疫情推遲一年後舉行，社會高度關注身處境外港人的選舉權問題，冀政府藉此契機，以研擬長住內地港人投票為突破口，重新檢視選舉制度安排，彌補本港選舉制度的缺失。

長期以來，香港的選舉制度只允許選民在港親身投票，卻一直沒有順應人口流動趨勢及科技物流的進步，真正付諸行動探索其他投票方法，包括處理境外選民的投票資格等。政府早年雖然曾對境外投票有過初步研議，但發現不論在技術抑或政治上都存在不少棘手問題，有關部門搬出種種理由證明難以成事，令境外投票無疾而終。

不能剝奪境外港人選舉權

基本法明確保障香港永久性居民依法享有選舉權和被選舉權，也明文規定香港居民有在境內遷徙、移居其他國家和地區，以及旅行和出入境的自由。在全球化大趨勢下，一些永久性居民選擇到海外升學、定居、發展。

近年來，因應內地經濟高速發展和粵港澳大灣區規劃，許多香港居民在內地特別是大灣區工作、讀書和生活。居住在內地港人的權利理應在香港的選舉中得以反映。

此外，境外投票原則上符合香港現行法例。根據《選舉管理委員會（選舉程序）（立法會）規例》第 28 條，總選舉事務主任可指定任何地方作為投票站或

點票站，並且可租用任何構築物為指定投票站或點票站。這些條文並未牽涉票站所在地區限制。

香港不可能以不變應萬變、繼續因循守舊，是時候借鑒其他國家和地區的經驗，利用延期選舉契機而作出改變了。政府必須下定決心釐清選民資格定義，為徹底解決境外選民投票難題掃清障礙、創造條件。特首林鄭月娥在宣布立法會選舉延期時承認現行選舉安排存在不足，難以迅速應對緊急情況，允諾未來一年作出改進。

當局有決心研究便利在內地長住的港人投票，無疑是事不避難的表現。一旦落實推行新措施，涉及的技術問題須先修訂《立法會選舉條例》。而其中境外選民資格合法性、遠程投票可行性等在新冠疫情中凸顯的問題，應屬亟待研究解決的重中之重。

立法會秘書處編撰的《選定地方的境外投票安排》報告顯示，截至 2019 年有 54 萬名香港永久性居民長居廣東省。若是算上福建計劃的港人，以及北京、上海、成都等內地大城市的港人，估計不下一百萬人。而境外投票是內地居住港人多年來一直提出的訴求，事關數十萬港人的選舉權能否獲保障。

全國港澳研究會副會長劉兆佳表示，目前特區政府經廣東計劃、福建計劃給予內地港人福利，提供了先例可循，讓內地港人投票畢竟是自己國家境內的安排，給予同等待遇較解釋得通；而海外港人可能持外國國籍，不排除外部勢力藉此介入香港選舉。他認為，內地港人投票問題的關鍵在於保障選舉權，技術問題並非原則問題，經探討後總有辦法解決，「重點是應否做、是否想做」。

經民聯立法會議員梁美芬亦對此表示支持，認為如果容許港人在大灣區投票，行政上較容易安排到。另有建制派人士表示，特區政府有多個駐內地辦事處，有能力負責全國所有省市自治區的聯繫工作，有關工作具可行性。

完善選舉制度莫再遲疑

　　有輿論認為，政府能不能大膽破局，關鍵在於對於選民資格認定，若不在選民「通常在香港居住」的定義上原地打轉，乾脆刪除《立法會條例》中「通常在香港居住」這一限制條件，明確規定長住內地和海外的永久性居民具有選民資格。

　　特區政府應在立法會選舉延後這一年間，積極完善選舉安排，適時研究和推出優化措施，確保選舉在公平、公開及誠實的情況下進行。立法機關應充分研究法例修改，增加境外投票的法理基礎。這包括指定境外票站場所，訂定投票方法，運票及點票地點。選舉管理委員會則需要制訂完善的選民登記和核查制度。完善投票制度不分政治立場，我們應放下政治立場的有色眼鏡，讓所有選民透過選票發聲，這才是以民主為核心價值的香港。

大公報｜2020-10-13 報章｜A12｜評論｜焦點評論｜

是誰在包庇港大學生會公然宣揚「港獨」？

　　香港大學學生會協助一個團體，在校園裏舉辦了一場所謂的文物展，在學生會大樓內展示一批與「修例風波」、黑色暴亂相關物品，一方面意圖洗白無視法律、破壞社會秩序的黑暴；另一方面，藉機污衊、抹黑、誣告站在止暴制亂最前線的警員，繼續挑動部分市民的仇警情緒。

　　面對香港國安法這把高懸利劍，被攬炒派洗腦的港大學生會竟無視它的存在，借出場地給有關團體並協助舉辦宣「獨」展覽，繼續顛倒是非、散播仇恨，企圖為黑暴和「港獨」還魂，肆意觸碰國安底線。此事再次向社會敲響警鐘：敲山震虎不足剷除學生會的「黃根」，殺雞儆猴不足清校園內的「獨草」。

與亂港媒體沆瀣一氣

　　筆者不止一次撰文指出，大學不應成為傳播「港獨」思想的法外之地，更不應讓為大學生謀福祉的學生會，變成播「獨」平台，變成暴徒的招募處。如何為香港的大學來一場去疴除弊、刮骨療「獨」的改革，既去「黃色」又除「殖民化」，更是迫在眉睫，刻不容緩。

　　2014 年 2 月，港大學生會刊物《學苑》出版「香港民族命運自決」的專題，將分裂國家的內容包裝成「學術研究」和「言論自由」。其後，港大學生會將相關文章輯錄成《香港民族論》出版，厚顏無恥地聲稱要為香港尋求「一條自立自決的出路」。在非法「佔中」之後，《學苑》先後以「雨傘時代，自決未來」及「香港青年時代宣言」等話題博人眼球，公然討論和鼓吹「香港民主建國」的合理性，甚至毫不忌諱地煽動和叫囂以武力流血的方式奪取香港的「自治權」。

此外，亂港媒體更與大學學生會裏應外合、沆瀣一氣，在校園內涉「獨」文宣、旗幟隨處可見；在校園外，學生會不時在「黃媒」賣廣告，撐暴徒、抹黑特區政府。例如上月8日，香港科技大學學生會及校董會學生代表在《蘋果日報》上刊登全版廣告，悲情作秀，假藉周梓樂意外死亡一事，瘋狂污衊中央及特區政府，說什麼「中共對掙扎求存的年輕人『趕盡殺絕』」云云。

大學學生會黑化、「獨」化，將學生之間的交流渠道，變成播「獨」途徑，將原本擁有多元文化、多元聲音的校園，變成「港獨」一言堂，肆意打壓愛國愛港學生的言論自由；大學更彷彿「港獨」的代言人的培養皿，任由學生蔑視國家、向基本法叫囂拍板，勾結外部勢力出賣香港。

令人不解的是，大學高層管理對學生會為所欲為、吃裏扒外的行徑往往是過於寬容，甚至有包庇之嫌。2018年1月，香港中文大學學生會表決支持在中大校園內成立「香港獨立研究學會」，舉辦和研究有關「香港獨立」可行性和必要性的相關活動。面對大是大非的原則問題，學校避重就輕，不敢亮劍，以「程序不合格」的批評取代了「思想不合法」的懲戒。令人遺憾的是，當外界輿論升溫，迫使校方就「獨立研究會」一事作出表態時，大學只是以書面聲明的形式重申了對「一國兩制」的認同和尊重，卻不敢直接點名和譴責「搞事」團體和學生組織。

校園不能成法外之地

如今「獨」戲在港大重演，港大校方面對這一個「借屍還魂」的播「獨」展覽，至今都沒有提出反對，更遑論採取任何強制的手段。校方越是對學生會的播「獨」行徑施以「不痛不癢」的處理，學生會的氣焰只會越來越囂張，就越對大學管理層、校規，甚至法治「不理不睬」，最終企圖顛覆國家政治制度、意圖奪

取香港管治權的外部勢力，順利在大學這片土壤上，埋下「港版顏色革命」的邪惡種子。

故此，大學管理層應該肅清在校內傳播「港獨」思想的教職員，並且加強監督學生會運作，以及完善學校愛國愛港教育體系，從這三方面把好「安全門」，斬斷學生群體中反中亂港的幕後黑手。倘若學校都沒有勇氣和能力來匡正學生違法違規的行為，一味以息事寧人的態度來處理相關事件，這豈不是為攬炒派在校園建造「政治堡壘」添磚加瓦？這難道不是使校園實際成為法外之地？何嘗不是變相鼓勵學生違反基本法和香港國安法？

大公報 | 2020-10-27 報章 | A14 | 評論 | 焦點評論 |

議會不能成為攬炒派的表演舞台

8 名攬炒派前任和現任立法會議員在今年 5 月 8 日立法會內務委員會上擾亂會議秩序，涉嫌違反《立法會（權力及特權）條例》（「特權法」）中的「藐視」、「干預正在執行職責的立法會人員」等 15 項罪名，早前在西九龍裁判法院提堂，案件明年二月再訊。

8 人被起訴正正是顯示了「法律面前人人平等」，沒有人可以凌駕法律之上，即使身為立法會議員，只要涉嫌違規違法，都必須付出代價。

罔顧民意動輒「拉布」

作為特區的立法機關，立法會承擔着重要的憲制性職責，立法會議員肩負維護憲制秩序的重要責任。然而，近幾年來，立法會彷彿成為攬炒派議員上演政治騷的舞台，他們為了迎合激進派支持者的口味，無視自己身為法律制定者的身份，帶頭在議會內破壞規則、藐視法律，無所不用其極地干擾議會運作，甚至將暴力帶進議會，上演衝擊主席台、暴力阻礙會議進行等醜惡行為，把莊嚴的議事廳當成「武鬥場」；他們身為民意代表，卻罔顧民意，動輒「拉布」，惡意阻撓民生、施政議題審議，成為拿着豐厚薪津的破壞者。

胡志偉、尹兆堅、朱凱廸、許智峯、張超雄等 8 人在內會會議中，圍攻主席台及大肆搗亂，涉嫌妨礙立法會人員執行職務的行為，不但嚴重妨礙立法會正常運作，亦違反了《議事規則》，更違背了宣誓就職時所作出擁護基本法、效忠香港特區、盡忠職守，遵守法律、廉潔奉公，為香港特區服務的誓言。

儘管攬炒派聲稱，當局是引用「保護」議員的「特權法」去「打壓」議員云

云,但議員的特權僅限於在立法會內發言不受法律追究,絕非豁免所有罪行的「免死金牌」,今次當局依法檢控攬炒派議員,完全是合情合法合理,亦有助遏制攬炒派的「拉布」行為。

8人被捕並進入司法程序,本來為今後一年立法會的正常運作帶來一絲曙光。然而有攬炒派仍不思悔改,濫用議會程序「拉布」,想方設法阻撓所有法案通過。

立法會復會以來,不論是事務委員會或大會;不論審議什麼議案、條例草案,不論是否涉及民生,攬炒派都不斷要求點算法定人數,更三度因為法定人數不足流會,白白浪費納稅人的血汗錢。

例如,本月4日、5日連續兩天二讀辯論《2019年運貨貨櫃(安全)(修訂)條例草案》,該條例根本無任何政治因素,也不涉及黨派利益,完全是一個純粹的關乎經濟民生法案的技術性修訂,卻仍遭攬炒派頻繁要求點算法定人數「拉布」。攬炒派議員為反而反、蓄意作亂、製造流會的所作所為,已經到了毫無理性、喪心病狂的程度。

當務之急淨化議會生態

「拉布」風波沒完沒了,修改議事規則停止「拉布」行為,實在是事在必行。立法會議員張國鈞為此提出修訂《內務守則》,並已在本月3日舉行的議事規則委員會通過修訂建議方向,之後會諮詢全體議員兩周,最終會交由內務委員會表決通過,預料年底會完成所有工作。

香港國安法公布實施後,明顯已震懾黑暴氣焰,有效地遏制街頭「攬炒」亂象,現在只尚存攬炒派在立法會內搗亂。

攬炒派再三利用《議事規則》來鑽空子搗亂,但立法會主席擁有掌控議程的「剪布」權力;內務委員會可成立議事規則委員會檢討《議事規則》;特區政府

可引用國安法第二十條、第二十二條作為遏制立法會亂象的武器。

　　面對攬炒派的搗亂議會行為，只有敢於碰硬，敢於向「拉布」行為說不，果斷亮出法律武器，才能淨化被攬炒派弄得烏煙瘴氣的立法會，才能避免立法會成為攬炒派做政治騷的舞台。

大公報｜2020-11-10 報章｜A12｜評論｜焦點評論｜

11 月 9 日｜中通社《香港新聞網》轉載

舉「獨」示威播「毒」遊行校園之亂何難平？

11 月 19 日，因新冠疫情反覆，香港中文大學不得已將畢業典禮轉以網上形式舉行。然而，部分顛覆勢力和「黃絲」學生相勾結，譴責和質疑校方以疫情為藉口，打壓學生表達政治訴求的合法權利，恬不知恥地上演了一幕自我煽情的「獨」示威、「毒」遊行。中午十二時，約百名中大應屆畢業生，面戴 V 煞面罩，手持黑色氣球及「光時」標語，更有甚者面戴「豬嘴」頭盔，身穿暴徒裝扮，一眾聚集於港鐵站外的「民主女神像」附近。在遊行途中，他們不僅在去年校園暴力衝突的「二號橋」處進行默哀，高唱《願榮光歸香港》的「獨」曲，高叫「港獨」和顛覆國家政權的口號，還搬弄着印有「棱角分明毋負期許」的圓盾，重演去年衝突的場面。在學校兩度聲明警告和及時報警的處理下，香港警方、教育部門及國安機構果斷出拳，堅決偵辦，不留餘地。

作為家長，無法在中大現場見證兒女們成長的重要時刻；是遺憾，而看到昔日平靜祥和的校園成為攬炒分子的法外之地，是心痛。筆者曾多次撰文指出，斬不斷「黃脈」，滅不了「獨氣」，香港校園便是容易滋生黑暴逆兒的溫床，更容易淪為顏色革命和分裂分子的「試驗田」和「橋頭堡」。

校方須更果斷遏制「港獨」

自 6 月 30 日香港國安法頒布實施以來，這把尚方寶劍確實讓香港走出了「烽火連天」、黑暴猖狂、撕裂「奪權」的極暗歲月。特區政府重整旗鼓，一方面整肅公務員隊伍，積極支持警隊工作，另一方面釘牌失德「黃師」，整頓通識教育，從思想源頭上正本清源，撥亂反正，截斷「港獨」傳播鏈。部分反中亂港分子更

是作「樹倒猢猻散」之狀，垂死掙扎，「變臉」隱退，割席自證，流竄海外。11月23日，早已宣告解散的「港獨」組織「香港眾志」的頭目黃之鋒，周庭及林朗彥於西九龍法院應訊認罪。雖說這次伏法頗有作秀、博人眼球之嫌，卻也從側面體現出「法定香江」，斬妖除魔的決心、信心和恆心。可是，部分無知的青年學子依舊是高估了自己興風作浪的能力，挑戰香港基本法與國安法。

早在11月5日，香港中文大學學生會便在其官方臉書宣稱，他們正在策劃展開一場「中大保衛戰」的回顧活動，相關海報和文宣早已貼遍校園。但是，如此行徑只是得到了中大的「警告聲明」，稱學生會所發布的內容涉及違法。顯而易見的是，學校的聲明看似嚴厲譴責，實則溫吞放軟，這使得部分「獨蟲」上腦的學生天真地以為，國安法進不了校園，也鎮不住「言論自由」的校園訴求。然而，在19日畢業遊行後，香港警隊國安處的迅速介入，精準打擊，入校搜證，可謂是給這批跳樑小丑打了一個措手不及，陣腳大亂。「國安之劍」亮得及時，也亮得必要，大學校園在成為傳道授業的成才之地前，首先應該是一個知法守法，愛國和諧的平靜之地。

「攬炒」只會犧牲自身前途

中大的學術聲譽和教學水平即使可以掩蓋港生愛國教育的欠缺不足，但是否可以抹殺反中的顏色暴亂在校園的斑斑劣跡，是否可以割裂知識教育和政治引導來評估高校精英培養的機制體系？其否定的答案是不言而喻的。在此，筆者還要奉勸那些以身試法、盲目追隨西方價值、深陷政治洗腦而不自知的青年學子，莫讓自己的畢業禮變成人生終點的謝幕式，莫讓自己的社會起步邁向的是鐵窗牢房。「攬炒」香港不會成功，一味地將自己的政治訴求捆綁在顛倒是非的「革命」話語之上，為美國和國外分裂主義鞠躬盡瘁，只會革去自己的前途和未來。

　　11月25日，香港行政長官林鄭月娥所發表的施政報告推出了「大灣區青年就業計劃」，在與廣東及大灣區各城市達成協商合作的前提下，鼓勵和支持本港大學畢業生北上發展，並同時享有與內地青年同等的工作待遇和生活支援。國家始終以呵護和敞開的姿態來歡迎和接納香港和香港人才，而香港的青年人何時才可以真心待祖國，睜眼看內地？香港學生必須意識到，香港始終是中國的香港，沒有國家認同，沒有家國情懷，沒有世界格局的青年人，終將會被時代所拋棄，被香港所拋棄，更會被國家和世界所拋棄。

大公報｜2020-11-30 報章｜A12｜評論｜焦點評論｜

12 月 1 日｜中通社《香港新聞網》轉載

追蹤病源力不從心
市民如何「安心出行」?

全球新冠肺炎疫情依然嚴峻,香港本地確診數字近日雖有明顯回落,但過去兩星期源頭不明個案仍居高不下,約佔確診總數三成半,令人擔憂社區仍潛藏大量隱形傳播鏈,後勢發展不容樂觀。多位醫學專家均指,特區政府應加快落實有關措施,在強制檢測、病源追蹤、查找隱形患者等方面真正做到滴水不漏。

「外防輸入、內防反彈」是國際醫學界公認的有效抗疫方針,也是內地自疫情爆發以來堅持採取的策略,並為特區政府所認同。過去一年來,政府交了不少「學費」,才學會內地「外防輸入」的做法。特首林鄭月娥日前在社交網頁發文表示,政府在「外防輸入」方面已經做到「滴水不漏」,包括規定海外抵港人士入住指定酒店檢疫、封閉式專車接送、將檢疫期延長至 21 日等等。

但是在「內防反彈」方面卻依舊留存諸多漏洞,其中就包括未有展開全民強制檢測、追蹤病源力不從心等,以至於無法實現「清零」目標,拖累經濟民生。

通過有效追蹤確診患者及曾接觸的人,做到「早發現、早隔離、早治療」,迅速堵截傳播鏈,是抗疫成功的另一關鍵。而追蹤病源,一是靠人,二靠科技。目前當局仍停留在事後檢測、由確診者提供行蹤進行追蹤的被動狀態,主動追蹤堵截傳播鏈的防疫措施始終沒有實行。前者受制於有部分確診者隱瞞或漏報行蹤,以及衛生署衛生防護中心人手嚴重不足以及工作效率低下,導致追蹤效果大

打折扣；後者一味依賴政府推出的「安心出行」程式，卻因無法強制市民下載使用而令其實際作用形同虛設。

政府要解追蹤病源力不從心之困，實際上有兩條路可補強。一是將大批因疫情而在家工作的公務員調撥到抗疫前線，經過適當的培訓，可增強追蹤接觸者的團隊人手；二是排除雜音，引用「緊急法」制定規例，強制市民安裝、使用「安心出行」流動應用程式，必要時可要求八達通公司將數據分享予「安心出行」；同時加快開發推出政府跨部門、跨平台的內部電子追蹤系統，簡化現時以人手為主的資料搜集、輸入和分享程序，充分發揮科技強大的追蹤能力。

「安心出行」程式的推行瓶頸在於部分市民對於個人私隱洩露的疑慮，當局深察其憂，除了反覆強調不會收集個人信息外，還對程式進行幾次的修改。創新及科技局局長薛永恒近日還透露，政府正研究在處所安裝藍牙發射器，自動發出信號，市民手機接收到信號後，會自動記錄出入處所資料，免卻每次出入都要自行打開程式掃碼的麻煩。

現時超過 40 個國家和地區的政府推出追蹤接觸者的應用程式。Apple 及 Google 去年共同研發的新冠病毒暴露通知系統，利用藍牙技術交換識別碼，只須用戶開啟此功能，並下載由當地政府開發的程式，便可以自動翻查用戶在過往 14 日是否曾經和確診者有過緊密接觸。新加坡去年三月已在此基礎上推出 TraceTogether 記錄和追蹤接觸者，至今約一半人口已安裝，追蹤到 2.5 萬名密切接觸者。該程式同時縮短了尋找接觸者的時間，由四天減至兩天，證明程式抗疫有一定效果。

誠然，不信任政府的現象在世界普遍存在，政府能夠做的是以抗疫成效和透明來說服民眾配合施政，同時完整開放程式碼，證明只收集盡可能少的必要資料，爭取更多市民使用。

　　政府近期已推出多項嚴控措施，但關鍵仍然要市民遵從。港人同心抗疫持續一年，眼前正是戰勝疫情的關鍵時刻，市民有必要繼續配合政府，盡公民責任，短暫放低對私隱的考慮，善用現有科技記錄行程，協助找出潛在感染風險人士，盡快實現本地個案清零，讓本港經濟民生回復正常。

大公報 | 2021-01-05 報章 | A12 | 評論 | 焦點評論 |

1 月 4 日 | 中通社《香港新聞網》轉載

1 月 4 日 |《中國評論新聞網》轉載

不容偷換概念
「初選」就是顛覆奪權

　　警方國安處 1 月 6 日展開雷霆行動，一舉拘捕 53 名攬炒派。他們涉嫌策劃組織及參與去年 7 月的非法「初選」，干犯香港國安法第 22 條「顛覆國家政權罪」。這是香港國安法實施以來，對攬炒派最強的一擊，顯示特區政府維護國家安全、粉碎企圖顛覆國家政權、企圖奪取特區管治權行為的意志和決心，得到社會各界的擁護和支持。

　　戴耀廷等人被捕後，攬炒派隨即製造輿論，指稱拘捕行動是政府「秋後算賬」、「政治打壓」；是對基本法賦予立法會審核財政預算案或其他重要議案權力的遏制云云。這種論調，完全是偷換概念、混淆是非、曲解基本法，目的是為了誤導公眾。

　　國安法於去年 6 月 30 日公布實施後，攬炒派不顧特區政府的警告，視國安法為虛設，於 7 月 11 日、12 日舉行非法「初選」，這實際上並非一次單純的「初選」活動。筆者在去年曾撰文指出，非法「初選」是「一場有組織、有預謀、有綱領、以癱瘓立法會為目標的操控奪權行動。」其目的在於無差別否決任何政府的預算案或議案，威逼行政長官辭職，干擾阻擾特區機關依法履職的能力，以奪取香港管治權，最終依照戴耀廷「真攬炒十步」的劇本，街頭動亂會變得愈來愈激烈，令全港陷於混亂，達致促使西方國家全面制裁中國等目的。因此，這種圖謀根本不屬於受基本法保障的正當行使立法會職權行為，而是十足的顛覆國家政權、違反國安法的罪行。

　　香港國安法第 22 條「顛覆國家政權罪」規定，任何人組織、策劃、實施或者參與實施以下以武力、威脅使用武力或者其他非法手段旨在顛覆國家政權行為之一的，即屬犯罪，當中包括嚴重干擾、阻撓、破壞中華人民共和國中央政權機關或者香港特別行政區政權機關依法履行職能。對首要分子或者罪行重大的，處無期徒刑或者十年以上有期徒刑；情節嚴重的，可處五年以上十年以下有期徒刑。

　　由此可見，警方在經過數月嚴謹調查後採取拘捕行動，完全合法合理，無可非議，是香港維護國家安全、保障香港繁榮穩定的必要之舉。

　　在警方嚴正執法的同時，攬炒派還繼續透過不同方式恐嚇市民，宣稱「所有曾經在『初選』中投票的市民都可以被控告」云云，企圖讓部分市民陷入恐慌。特區政府指出，警方所採取的行動針對的是極少數涉嫌組織、策劃、實施或參與實施顛覆政權的活躍分子，而非一般參與所謂「初選」投票的市民，不會對參與投票的人作出刑事調查，因為投票人可能不清楚犯案團夥的真實目的。

　　不排除有些人上街示威，他們的初衷或許是好的，例如希望香港有一個更好的明天。但要如何改變香港，如何為香港謀未來，很多人往往用錯了力、走歪了路。更何況，攬炒派根本就是要破壞「一國兩制」。民為立國之本，社稷亦為民而立。當前香港人心隔閡、社會撕裂，若特區政府可以引導市民走向團結，為香港再出發多添幾分民意支持，做得到，固然是件好事。

　　國安法實施之後，雖然黑暴逐漸平息，但仍暗湧不斷，內外的動亂因素仍伺機反彈。此次警方雷厲行動，是對危害國家安全的勢力團夥之震懾，更是香港七百五十萬市民民心所向。戴耀廷、朱凱廸等鼠輩，全然不顧香港的死活，惡意挑釁中央和特區政府，將自己的政治利益置於香港的利益之上。即便沒有國安法的出台，戴耀廷所策動的非法「初選」，也必須得到相關法律的審判和司法的懲

罰,以維護香港政治制度及社會運作的公平和公正。故此,這一次五十多名攬炒派被警方以「顛覆國家政權」罪名拘捕,是扭轉政治風氣,重塑香港秩序的正義之舉。

大公報 | 2021-01-13 報章 | A12 | 評論 | 焦點評論 |

1 月 11 日 | 中通社《香港新聞網》轉載

夏博義跟誰的魔笛起舞？

英國政客、大律師公會主席夏博義，繼抹黑香港國安法後，又對中央完善香港選舉制度大放厥詞，妄稱設立候選人資格審查委員會或會「限制市民選擇」，可能「違反」人權法對選舉權利的保障；又稱大律師公會轄下的委員會正仔細審視國安法條文，探討「值得提出修訂」的地方云云。夏博義對中央事務指手畫腳，儼然一副「人權師爺」的嘴臉。其實夏博義不過是隨着美英反華勢力魔笛起舞的「魯蛇」（失敗者），再度上演一齣逢中必反、雙重標準的舊戲碼。

抹黑新選制製造社會分化

早前包括美國在內的少數西方國家以其一貫反華目的，罔顧事實，對完善香港選舉制度這一中國內政指手畫腳、抹黑詆毀，甚至實施所謂的「制裁」，對香港事務進行粗暴干涉，再次暴露了這些國家霸權主義行徑和遏制中國發展的險惡用心。主子定調，各路嘍囉細作競相表演，按照劇本輪番配合表態。作為英國牛津市前市議員，又有大律師公會主席的華麗外衣，夏博義此番「聞笛起舞」，發表「情緒化的政治宣言」，是挑戰中央底線，刻意製造社會分化。

對政治參選人進行包括國家安全在內的審查，是世界各國選舉制度的通例。近年，反中亂港分子利用選舉制度的漏洞混入建制後，逾越了國家安全紅線，甚至與外部勢力勾結，挑戰「一國兩制」底線。任何國家都不會允許這種行為的發生，中央完善香港選舉制度，增設候選人資格審查機制，正是為了堵塞選舉漏洞，切實維護國家安全，完全與限制選舉權無關。

然而，夏博義卻質疑「審查工作會否公平地做，審查工作會否變相限制市民

的選擇」，這分明是對中央行使憲法賦予的權責預設立場和結論，危言聳聽，刻意抹黑，卻罔顧英國同樣有選舉委員會，其重要工作之一，便是審查選舉人資格的事實，若候選人存在重大法律或品行問題，將失去參選資格。敢問夏博義，英國的做法有無限制該國公民的選舉權？是否違反人權法？

夏博義身為資深大律師，披着「人權大狀」的外衣，動輒以「人權法」說事，本應熟悉人權公約對國家安全、英國審查候選人資格的有關規定，卻對完善香港選舉制度、資格審查作出不盡不實、帶有明顯誤導的評論，是不是雙重標準？夏博義還有一絲作為法律專業人士應有的公正理性？對得住專業操守和職業良知嗎？

夏博義在接受媒體採訪時還辯稱：「大律師公會不是政治團體，而是高標準的專業團體，每位公會主席有責任捍衛法治、司法獨立、基本法、人權法及司法公正，這是我們的責任。我們經常就政治敏感議題發聲，是由於事情影響我們捍衛的價值。」

確然，每個社會界別和專業團體都可以就政府的政策提出意見，大律師公會也可以表達意見，但夏博義騎劫大律師公會，高調批評政府政策及發表各類政治言論，而且面對外國反華勢力不斷粗暴干預香港的司法制度，但夏博義和大律師公會充耳不聞，沒有發聲譴責，有違公會捍衛法治及司法獨立的責任。

夏博義和公會的言行完全屬於政治行為，既然參與政事，就要負起所有的政治後果，不能以所謂「專業」作擋箭牌，企圖逃避所有責任。

口說「捍衛法治」實為破壞法治

夏博義自當選大律師公會主席後，便公然質疑香港國安法，聲稱國安法第14條及60條列明，維護國家安全委員會的決定不受司法覆核，以及駐港國安公署

人員行為不受特區管轄，意味國安公署人員可在香港「為所欲為」，情況非常危險及違反法治精神，故提出要求特區政府修訂國安法部分條文云云。

夏博義的謬論直接遭到了港澳辦和中聯辦以及社會的強烈批評，指全國人大常委會權威不容挑戰，香港的憲制秩序必須堅決維護，絕不允許一些政棍和團體披着「專業」外衣從事亂港禍港行徑。

夏博義的無端指責屬於無中生有、煽風點火，將國家法律視為威脅，將法律用本該為百姓謀福祉的如簧巧舌歪曲、抹黑，他的用心僅僅是捍衛法治？他的用心已經是司馬昭之心了。夏博義狂妄挑戰國安法和中央權威，終將要受到法律的懲處。

大公報 | 2021-04-13 報章 | A10 | 評論 | 焦點評論 |

4 月 13 日 | 中通社《香港新聞網》轉載

第六個「全民國家安全教育日」
這三個「第一」值得關注

今天是第六個「全民國家安全教育日」，有三個「第一」值得香港各界關注。一是特區國安委首次舉辦系列主題活動，二是中聯辦主任駱惠寧首次以香港特區國安委國家安全事務顧問身份發表重要講話，指導監督香港國安工作。三是香港警察學院的學警們首次邁起中式步操，尤為引人矚目的，是護旗手肩扛五星紅旗、香港區旗、香港警隊隊旗走在隊伍的前方，而英式升旗禮的習慣，則是護旗手手捧旗幟入場。

駱主任指出，去年6月香港國安法頒布實施，終結了在國家安全在港不設防的歷史；上個月全國人大常委會修訂基本法附件一附件二，完善香港特區選舉制度，堵塞了反中亂港分子利用選舉進入特區管治架構的制度漏洞。中央兩大舉措，如同維護社會穩定、守護香港未來的「利劍」和「堅盾」。這兩者有助香港由亂及治，從根本上解決香港困局。這樣的提法十分振奮人心。

此外，駱主任還特別強調，現在有了法律，有了機制，有了隊伍，執行和落實就尤為重要。凡破壞國家安全的，屬「硬對抗」，就依法打擊；屬「軟對抗」，就依法規管。在涉及國家主權安全和市民根本福祉的大是大非面前，直面問題、解決問題，才是「愛國者治港」成色的最好體現。駱主任柔中帶剛，話中有話，直面核心問題，毫不退縮，顯示中央對特區執行和落實法律機制的寄託與期望。

今年香港的「全民國家安全教育日」活動，比往年都來得豐富和有聲勢、有

深度。尤其是今天上午的專題論壇講者眾多，由駱主任到鄭雁雄署長，再到清華大學國家治理研究院院長王振民、特區保安局局長李家超及金融發展局主席李律仁的演講都十分精彩，給人們很多啟發。

點新聞｜來論｜文評武論｜2021-04-15｜18:07:21

暗「毒」洶湧校園藏
明「惡」難除誰之過

　　4月16日，香港大學學生會向港大校長張翔發出一封頗具挑釁性質的公開信，宣稱校方推行國安教育，是「掛國家安全為幌子，行政治任務為實」，是在「斷送院校自主」，更是「愧對學士先賢」云云。文章甚至還抹黑內地愛國教育，污衊國安入校園無疑是「洗腦」無辜學子。港大學生會頂風作案，賊喊捉賊的行為早已是見怪不怪，令人不免還有「哀其愚昧，怒其無知」的感慨。

　　2月3日，港大學生會舉辦一場吹捧梁天琦的紀錄片《地厚天高》的放映會，影片中多次出現「『以武制暴』是我們唯一的出路」、「香港獨立」等字眼。片中的主人公梁天琦何許人也？他是提出「光復香港時代革命」口號的本土民主前線前發言人，如今因參與策劃暴亂和襲擊警察的罪名鋃鐺入獄。港大學生會反將其視為英雄，面對港大管理層所提出「有違法風險」的譴責，他們不僅不睬不理，還「惡人先告狀」，反咬校方「威逼」學生、「打壓言論自由」云云。

　　港大學生會真是不知地厚天高，要知道，地再厚也不是「港獨」的溫床，天再高也不會是「賣國」的天堂。

「暗獨」難防　人心難塑

　　自去年香港國安法出台，部分反中亂港分子已經逃了、匿了、怕了，而選舉制度的完善，更是讓反中亂港分子的「魔爪」再難觸及特區建制。但是部分「港獨」分子仍蠢蠢欲動，只是由明轉暗，看中了高校在意識形態上的「軟肋」，繼

續策反一些被「洗腦」的學生，在校園內部搞起了「顏色」宣傳，煽動鼓吹「獨立」宣言。而受了蠱惑的「黃絲」學子一葉障目，試圖將學校變成他們「粉墨登場」的政治舞台，以學生身份作為無知的「盔甲」，甘願當歐美勢力的馬前卒。港大學生會對「一國兩制」數次無底線的挑釁，恰恰暴露出高校的思想問題依舊存在着嚴重的漏洞，香港部分高校仍有淪為「法外之地」的風險。

此外，通過筆者數年的社會工作的經驗和調研，了解到除了那些明目張膽蔑視國家的「毒」學生外，還有許多學生心藏敵意，將對國家不滿的暗黑思想轉移到內地在港學生的身上，自我幻想成被壓迫的政治受害者。根據部分來香港高校擔任助教的內地博士生的講述，他們在香港高校經常會遭遇到惡意的人身攻擊，僅僅只是因為他們來自內地，就被部分香港學生視為「肩負染紅香港任務」，扮演意識形態洗腦的角色，由此在教學評估中給予低分。這些故步自封、坐井觀天的香港學生，對國家是選擇性了解，全面性抹黑。他們不願意睜眼看祖國，只片面看到祖國不好的過去，甚至只相信那些扭曲詆毀的中國歷史和形象。

肅清「黃師」　不破不立

「暗毒」難防，人心難塑。香港高校已經到「非管不可」的地步，也是最值得、最應該進一步推進國安法教育的地方。

縱觀國安法實施以來，無論是中央政府還是特區政府，其主要打擊的對象是反中亂港的首惡分子，通常會對在校學生的過錯網開一面。這就讓部分在校的「黃」學生、「毒」社團產生錯覺和幻覺，誤將國家的善意、政府的寬容，理解成國家的軟弱、政府的無能，進一步蹬鼻子上臉，在犯罪犯法的邊緣瘋狂試探，甚至愈陷愈深。

校園「毒」草野火燒不盡，「黃風」吹又生。這無疑提醒着我們，我們不應

該只是將高校學生當作一個沒有自我判斷力的年輕人，他們已經是成年人，是具有法律權利和義務的社會人，他們的過錯不應該因他們的校園身份而得到過分的包容。他們享受着特區政府的福利，卻做着出賣香港的惡行，這是於情於理於法都難容的。

不破不立，不破難立。筆者曾撰文提到，高校要從肅清「黃師」、完善教材，引導學生樹立正確家國觀念的三個方面建立好三道「安全門」。香港大學學生會從借展召喚「港獨」之情，從放映「毒」紀錄片故作「自我悲情」之意，再到公開叫板校長，反對愛國教育，這恰恰也說明了，三道校園安全門仍存在着縫隙。只有重刑塑法律之威，破「港獨」學生之膽，滲透漫灌愛國之情，立高校學子家國之心，香港的高校才能回復安全的、自由的、獨立的學術之地。

大公報 | 2021-04-27 報章 | A12 | 評論 | 焦點評論 |

4 月 27 日 | 中通社《香港新聞網》轉載

4 月 26 日 |《獅子山下》轉載

論周小龍如何成為一隻「變色龍」

5月6日，逾半百香港警方國安處人員及大批機動部隊警員持搜查令，抵荃灣享成街的「Chickeeduck 藝術生活百貨」，展開了數小時的封鎖、取證和檢查。該店老闆周小龍面對警方的調查，竟公開質疑警方行動的合理性和合法性，並將警方的調查行動污衊為恐嚇性搜查，意在製造「白色恐怖」。待警方撤去，周小龍再一次粉墨登場，感謝市民在店外的支持與聲援，更囂張揚言會繼續在九龍及新界開立分店，同時又言「政府唔依法律做嘢」，宣稱香港「法治已死」云云。

見風使舵的「投機分子」

有「黃絲」為之助威，在店外大叫「好嘢呀！撐住呀！」這家僅開了三天的「獨」店，門口豎立着戴防毒面具的「抗爭者像」，店內盡賣的是「黑暴」的「文創」商品，並且毫不避諱地鼓吹和展示「光時」、所謂「抗爭」及「港獨」的符號。周小龍如此頂風作案，披着「藝術百貨」的羊皮，大搞「黃圈」經濟，無疑是將「港獨」的政治立場作為噱頭，揩油抽水。

但是，周小龍是如何從所謂的「淺藍」變成「深黃」的，亦或者說，作為一個見風使舵的「機會主義者」，周小龍這條「變色龍」又是怎麼樣通過「攬炒香港」來謀私利，賺大名的？這一個問題恰恰向我們揭示出，香港政治環境中的「雙面人」依舊是為數不少的潛伏者，要練就一雙判斷是非真假，鑒別真心假意的火眼金睛，是變革香港社會，安撫人心，緩和矛盾的一項重大前提和本領。

在 2019 年「修例風波」前，周小龍的政治立場一直被歸類為「開明建制派」。尤其是在 2014 年，他公開批評非法「佔中」，認為部分激進、爭取所謂「普選」

的人，霸佔公共街道，阻礙他人生意。但在 2019 年「修例風波」黑暴後，周小龍突然作出 180 度的轉變，步入「獨」營，公然與中央為敵，一方面吹捧戴耀廷有「先見之明」，另一方面則帶頭播「獨」，在其荃灣愉景新城分店擺放所謂的「香港民主女神像」，藉機向小孩灌輸黑暴思想、樹立對國家和中央的惡意和敵意。他甚至公開「哀悼」，認為中央和特區政府不聽民聲民意，利用警方來壓迫民眾，這是香港偏離民主自由軌道越來越遠的徵兆云云。

周小龍利用該個雕像收割了一波「黃絲」和客源後，他宣布參選立法會體育、演藝、文化及出版界組別（當時全國人大常委會仍未作出現屆立法會延任的決定）。周氏本人也自鳴得意，在其 Facebook 上發文，稱在自己的字典內沒有「放棄」二字。當他被問到是否懼怕香港國安法，周某人的回覆卻變得避重就輕，認為自己不過是一個生意人，絕不會被犯法的、極端的、「搞人」的「藍絲」騷擾。

今年 3 月 1 日，周小龍現身西九龍裁判法院，認為 47 名攬炒派被控違反國安法的「串謀顛覆國家政權」罪名，是最荒唐的起訴和審判，他更在法院外肆無忌憚地發表挑釁言論。

若是大家以為周小龍的「變色」之路到此就結束了，那便是將之想得過於天真了。上月 5 日，周小龍公開「喊冤」，表示東莞海關以宣揚「黑暴」為由頭，將其 1.2 萬件在內地生產的貨品（主要包括印有戴黑色口罩公仔的 T 恤、印有黃色雨傘的座墊等）全數沒收扣押。他公開為自己「洗白」，認為貨物是否涉及「黑暴」全看他人如何演繹，自己身為「和理非」的生意人和「愛國愛港」人士，從來都不支持「為反而反」，甚至還稱中央可以派員調查是次事件云云。

淨化香港環境刻不容緩

　　周小龍真的是走不同的片場，換不同的嘴臉，想做到「藍黃通吃」，左右逢源。他自覺自己深諳香港社會的制度和氛圍，可以把握到香港的政治脈絡，同時也能夠嗅到政治風向的轉變，只可惜他這麼一個「政治精算師」，還是落得一個聰明反被聰明誤，搭上自己的前途，算盡自己的未來，換來一個身敗名裂。

　　周小龍的「雙面」作風是一個典型的案例，也是我們需警惕和反思的社會現象。一方面，周小龍在公開店內放置「香港民主女神像」的情況下還能成功「入閘」，恰恰暴露出香港完善選舉制度和成立資格審查委員會的必要性，讓「變色龍」和「雙面人」沒有漏洞和機會，可以進入香港建制。另一方面，周小龍借政治之風來助自己的經濟之利，政治之名，手段極為卑劣難堪，卻可以如此「如魚得水」般地維持至今，這難道不應該為淨化香港社會環境和政治生態敲響一個警鐘？

大公報｜2021-05-10 報章｜A10｜評論｜焦點評論｜

5 月 10 日｜中通社《香港新聞網》轉載

身居管治之位　應效國家之忠

　　4月15日，有機構發表了港人對公職人員的質疑和爭議點的數據分析。數據顯示，港人對在職公僕最大的不信服圍繞「在國家忠誠度等問題上的表現欠佳」、「缺乏責任心的關注度」及「利用公共資源進行政治宣傳的不當行為」等三個方面。市民的「低信任」恰恰反映出，香港公職人員隊伍存在着「魚目混珠」，甚至暗藏「獨」人的現象。從去年黑醫護發起政治罷工，到公營機構資助製作反中亂港的作品。這些或明或暗的「幽暗」心思，有意無意的「小動作」，都折射出愛國者的底線在部分香港公職人員的身上是極其模糊，甚至是喪失原則！

不容明抗拒暗反對

　　若是無法做到心服口服地擁護「一國兩制」，維繫內地與香港的家國情，試問這些公僕有什麼資格拿納稅人血汗錢作自己的高薪厚祿？為此，筆者就香港公職人員的現狀，提出以下兩個問題：

　　第一問，明抗拒，暗反對，如何遏制公僕隊伍中的「獨」苗頭，「漏網魚」？4月12日，公務員事務局局長聶德權在立法會財經事務委員會上公開表示，雖然約17萬名公務員已簽妥及交回效忠聲明，以表明自身效忠特區及擁護基本法的立場，但卻有129名公務員不理會或拒絕簽署及交回聲明。他們的沉默與「冷處理」無疑是拒絕確認公務員的基本責任，也是對「一國兩制」的委婉否定和直接蔑視。

　　此外，據聶德權所述，自「修例風波」以來，已有26名公務員因涉及違法

行動正面臨着警方調查和刑事起訴。這一組數據令人不寒而慄。

首先，簽署效忠聲明本身就是一個程序工程，是公職人員表達對國家忠心，對市民負責的基本行為方式，即便是如此微不足道的要求，都遭到了逾100人的直接公開的拒絕。

其次，自香港國安法出台實施後，許多反中亂港分子逃了、躲了、怕了，他們將「戰線」轉移到「暗處」，時不時點燃起「邪惡之火」。可想而知，那些簽署了效忠聲明的公僕人員，有多少是發自肺腑地認同中央，又有多少是迫於法律的壓力，「掛羊頭賣狗肉」地裝模作樣？若是公職人員都無法心服口服地成為「一國兩制」維護者，那又如何讓「愛國者治港」的核心得以銜接社會管治頂層和普通社會下層？故此，如何撲滅「暗獨」分子的「野心」，揪出公職隊伍中「獨」分子，這是香港公職階層的自我修復和內省之必要。

第二問，是非難辨，底線難守，如何讓香港公職人員在國家利益與香港安穩的大前提下，明初心，站穩隊？2019年11月11日，因攬炒派發起的所謂「三罷」和「黎明行動」，不僅造成了香港多條交通幹道的堵塞及港鐵設施的毀壞，還造成了多名無辜市民及內地遊客遭到黑衣暴徒襲擊。後經過警方的調查，確定其中一位暴徒竟是消防處救護員。

此外，更有十數名消防處人員在黑暴期間「積極」參與非法集會。要讓公務員循規蹈矩地按照規章制度辦事情不難，但能否在一個混亂的時代，不忘使命和初心，堅守得住一個公職人員應有的政治任務和責任，這才是對香港公務員最為核心的考察。公職人員可以有不同的政治意見，但這並不意味着公職人員可以是反中亂港分子。香港公務員只能是愛國愛港的治港者，這是實現賢能政治，良政善治的基石。

是非不辨底線難守

故此，如何讓香港公僕不僅僅成為純粹的政策執行人，更要成為有民族情懷、國家意識和世界格局的「治港者」，有自身獨立正確的、堅定的愛國倫理信念和政治判斷，不被外界的喧鬧和煽動所左右，這是香港公職人員自我淨化和提升之必須。

我們不妨將香港公務員的現狀比喻成一攤表面看似安穩平靜的深水塘，下面有黑色的漩渦亂石，如何除去公職人員隊伍內「潛伏」的不穩定因素，還香港社會一個至清至明的「活水源」，涵養香港，聯繫祖國，這是擺在香港管治層面前的一道長期大考。

大公報 | 2021-05-04 報章 | A14 | 評論 | 焦點評論 |

5 月 4 日 | 中通社《香港新聞網》轉載

「變色龍」撈過界　鋌而走險必被捉

筆者日前撰文《周小龍如何成為一隻「變色龍」》，揭露連鎖童裝店 Chickeeduck 老闆周小龍作為一個見風使舵的「機會主義者」，是如何通過攪炒香港來謀私利、求功名的。有讀者留言說，「黃圈」本來就魚目混珠，只是「黃絲」往往有眼無珠，讓一個巧言令色、精於鑽營算計的「心機」商人博到眼球，掠水自肥。這位讀者可謂一針見血。筆者亦就再剝一剝周小龍的外衣，揭一揭這個自詡善於「撈過界」的商界營銷「奇才」卻為何由陽關道走入獨木橋，最終只能靠販「獨」售「黃」博出位了。

翻查資料顯示，周小龍 1985 年加入一家廣告公司，負責不同零售品牌。此後他加盟兩間服裝品牌負責市場營銷。1999 年，他買下童裝品牌 Chickeeduck，一直經營至今。期間他於 2007 年「撈過界」在圓方（ Elements ）經營溜冰場 The Rink，自稱第三年已錄得盈利，並於 2017 年把溜冰場業務拓展到內地。

然而，周小龍的生意並非一直順風順水，2019 年修例風波爆發時似乎已見端倪。當時周小龍突然「變色」轉挺黑暴，稱只要示威者不打爛他的飯碗，「捐少許錢」給他們也沒所謂。去年 5 月，他賣掉內地溜冰場業務，將生意重點放在香港的童裝業務上。至於為何收縮業務，周小龍多次接受媒體採訪時都閃爍其詞，語焉不詳。不過，有傳媒報道指，Chickeeduck 過去多年捲入多宗欠租糾紛，其中由 2009 年至 2020 年 5 月，Chickeeduck 最少與 5 個物業代理有租賃糾紛，被大發展商入稟追討欠租，多年來欠款最少涉及 180 萬元。值得留意的是，11 次入稟追欠租當中，有 7 宗是在 2019 年 5 月至 2020 年 5 月發生的，涉款超過 133 萬元。

　　生意每況愈下，周小龍的「黃腔」聲調卻越來越高，「營銷」手段也越來越極端。去年 6 月，Chickeeduck 荃灣愉景新城分店內首次展示「黑暴女神像」，深得「黃絲」歡心，在疫市下撈得財源滾滾，周小龍自稱「荃灣分店生意額本來在 13 間店排名第九、第十，一下子飆升至第一，令我震驚！」。雖然被商場業主指控違反租約，其後決定不予續租，但周小龍食髓知味，照辦煮碗，其後繼續多次玩弄該手法，卻是屢戰屢敗，連「毒果報」都質疑周小龍扮黃是為了搵生意。

　　周小龍高調宣暴，除了為了搶救生意外，2019 年區議會選舉一大批縱暴派政治素人當選亦給了他啟發，於是做起了「出圈」賺取更大資本，實現名利雙收的美夢。去年 6 月，就在他展示「黑暴女神像」，引來一批黃媒追捧報道時就忍不住透露，他將參選立法會議員。此後有媒體發現，在參加攬炒派「初選」期間，為了不被選舉主任盯上，周小龍悄悄將店中擺放的黑暴「文宣」及物品移走，他承認是「盡量不想有機會讓政府找藉口取消其參選資格」，顯見其沽名釣譽、功利實用主義的本性，周最終在「初選」中出線，並通過選舉主任的審核。要不是中央因應特區政府請求將選舉延後一年，周小龍或許真的就渾水摸魚實現第二次「撈過界」了。

　　香港國安法實施將近一周年，黑暴、攬炒、「港獨」組織頭目或鋃鐺入獄，或跳船着草，或轉入地下，氣數已盡。誕生於黑暴期間的怪胎「黃色經濟圈」也日暮西山，周小龍的黃店從去年的 13 家急劇萎縮至 2、3 間，從商場淪為街舖，盡顯頹勢。為了催谷人氣，此次周小龍故伎重演，卻只喚來小貓三兩隻來幫襯「懲罰」，看來「手足們」也拒絕再交「智商稅」了。

　　周小龍三番五次在其黃店中展示「黑暴雕像」，並且在外牆噴上「光時」的「港獨」標語，在店內更張貼了大量「煽暴煽獨」文宣，公然宣揚「港獨」，早已涉嫌觸犯了香港國安法第二十條和二十九條。玩火必自焚，撈過界挑戰國安底線，終究難逃利劍出鞘。而他獨沽「黃圈」一味，投機取巧，最終也將落花流水，徒嘆輓歌。

點新聞｜來論｜文評武論｜2021-05-10｜08:30:00

5月10日｜中通社《香港新聞網》轉載

「爆眼女」上演的不是一齣「獨角戲」

2019 年 8 月 11 日，在黑暴煽動下的無知「黃絲」集結於尖沙咀警署外，進行非法抗議示威。其中，一名聲稱自己是義務急救員的少女控訴被警方用布袋彈擊中，導致其眼球爆裂，視力終身無法恢復。隨後，暴徒們則以聲援「爆眼女」為藉口，在機場舉行集會，不僅造成當日機場運作癱瘓，還包圍及毆打《環球時報》記者付國豪。緊接着，「黃絲」在社交媒體上發了所謂的「Eye4HK（掩眼行動）」，進一步抹黑特區政府和香港警方。事發半個月後，「爆眼女」以紗布遮蓋受傷的眼睛，並戴上太陽眼鏡出席記者會，一味地譴責政府和警方，試圖掌控輿論方向和誤導公眾。

但誰知後續的劇情可謂是「峰迴路轉」。早前媒體報道，這位「爆眼女」在事發後僅僅於伊利沙伯醫院住院一周就出院，還於去年 9 月離港赴台，離港前還與送機的親友談笑風生，雙眼無異樣，且精神狀態頗佳。

編造謠言煽動仇恨情緒

筆者試問：是何方神醫，竟有如此精湛醫術，能將爆眼失明的眼睛修復如初，這難道是華佗在世？令人難以置信！這個世上沒有不透風的城牆，也沒有看不清的謊言。「爆眼女」一直以隱私權為藉口，極力阻止警方獲取其治療診斷報告，以查明真相。今日回看，少女或只是佯裝受傷，以此來煽動仇警情緒，為反政府勢力添油加火，這一齣自導自演的戲碼，不過是整場黑暴中的一個蠱。

「爆眼女」事件恰恰暴露出，2019 年的黑暴，絕非是一場單純的「社會運動」，其背後的謊言、有預謀的騙局乃至有組織的陰謀，更值得我們深思和警惕

——這與境外反華勢力的「司馬昭之心」、政治黑金的流動勾結，都密不可分。冰凍三尺非一日之寒，「港獨」活動也絕非一朝之力。

一方面，黑暴勢力和攬炒分子自我編導，包裝抹黑、煽動市民對特區政府乃至中央的仇恨情緒，欲通過製造社會動盪，意圖坐收「港獨」之利。「爆眼女」無疑是黑暴事件的助燃劑，試問，在 2019 年「修例風波」中，還有多少謠言等待被戳破？在沒有直接確鑿的證據下，科大學生墮樓事件被暴徒們用以攻訐警方「殺人」、被「黃絲」不斷消費的所謂「831事件」等等，無一不是無中生有的污衊。要清洗香港社會的「黃」色，要從控制「獨」言論蔓延至大眾媒體開始。

另一方面，「爆眼女」面對警方以合理合法的手段向醫管局調取其醫療報告，竟向法庭提出司法覆核。弔詭的是，「爆眼女」的所有官司均獲法律援助署批出法援支持，為之辯護的律師還是大律師公會主席夏博義。值得一提的是，「爆眼女」所有的律師費用均由公帑埋單。不管「爆眼女」是真的瞎還是假的盲，反正夏博義是真的看不清真相，搞不明事理，且不論他失職地略過事實取證環節為之辯護，為一個污衊警方之人洗地，該行為本身就值得檢討。

醫管局法援署有無盡責？

法律本是正義的審判，不應該成為助紂為虐的行為。在這一方面，法援署何嘗不需要捫心自問，在批准「爆眼女」的法援審批中，放了多少次水、濫用了多少次權？

在這一場「以眼還眼」的劇本中，醫管局曖昧不清的姿態和位置亦是值得詬病。一直持有可以還警方清白的醫療報告的醫管局，為何一直遲遲不將報告公開以作澄清？即便是出於保護病人隱私和人身安全的考慮，醫管局難道不該披露實情，避免社會混亂，還警方和政府一個清白？抗疫初期黑醫護發起「政治罷工」，

醫管局在十個月之後才有所表態，表示會以扣薪的方式懲罰罷工人員。看來醫管局的運作向來是比正常的社會反應慢了半拍，若不是無心之過，怕不是醫管局背後也有自己的「小動作」？

2019 年的黑暴在一定程度上揭露出，那些潛伏和隱藏在政府內部的漏網之魚和那些蠢蠢欲動的「小心思」。但願「爆眼女」事件能還我們一雙火眼金睛，看穿或明或暗的「港獨」分子，戳破謊言假象，還回香港真真實實的社會公義。

大公報 | 2021-06-01 報章 | A14 | 評論 | 焦點評論 |

5 月 31 日 | 澳門《濠江日報》轉載

須牢牢掌握「學術研究」主導權

2021 年 6 月，由美國經濟學會主持的刊物《美國經濟評論》在其最新一期的出版內容中，刊登了一篇名為《持續的政治參與：社會互動和抗議運動之間的動態關係》（Persistent Political Engagement：Social Interactions and the Dynamics of Protest Movements）的論文。據數位研究者所言，該論文是為了客觀地「研究」在「政治運動」中，影響持續性參與的因素即「參與某次抗議的人數會否影響後來其他抗議的參與人數及原因。」

這篇充滿了道德缺陷和政治惡意的文章，主要是基於在 2017 年和 2018 年於香港進行的有償性質「科學測驗」，以誘導香港學生走上反政府的街頭遊行，頂着「統計人數」的「正當名義」，冠冕堂皇地來探尋「政治運動」的短期刺激與長期的政治參與之間的關係。

乍一看，在科學文明話語和高端學術機構的包裝下，這篇文章似乎是唬得住人，但仔細品味一二，它依舊是「熟悉的配方」：歐美黑金和霸權加上被煽動學生和學者——這無疑是港版「顏色革命」運作的必備標配。尤其是，該文有不少強烈反中亂港的詞彙，例如採用所謂「雨傘革命」（Umbrella Revolution）來形容非法「佔中」。

「假學術」用錢買遊行

以學術之名行煽暴之實，文中一臉正義地高揚「香港民主鬥爭的精神」，其實就是跪着向歐美金主「搖尾求食」。這場國際陰謀背後暴露出來的，恰恰是一直被我們忽略的問題，為什麼在「修例風波」前，於香港進行的「顏色革命」的

成本是如此之低，區區數百元的誘惑力又是如此之大？而學生和學者又是如何走上為反華勢力「吶喊助威」的道路？

一方面，對於歐美反華勢力而言，在香港搞「黃色民主」的試驗，簡直是「零成本」、「低風險」。

根據這篇論文的「實驗」設計，他們曾經在 2017 年 6 月，通過學校電郵公開招募 1100 名香港科技大學的學生來參與所謂的「實驗」，最終有 849 位學生完成全套「實驗」，不僅獲得了數百元（300 至 350 元不等）的報酬，還被感恩是「為科學作出貢獻」。要是「港獨」、「反華」能成為科學，這將是這批學者對「科學」二字最大的玷污，這簡直是將學術變成「獨」器，將學子當成「白老鼠」。

值得注意的是，在問卷調查的最後部分，該實驗還會暗示學生可以將報酬轉捐給當時尚未解散的「港獨」組織「香港眾志」，以便將「港獨」思潮帶入校園，讓無知學子成為「港獨」勢力的「擋箭牌」。

另一方面，在這篇論文的作者署名中，包括一位名為 Y. Jane Zhang 的「學者」，她曾於 2011 年至 2019 年在科大擔任助理教授。2019 年她又與其他三位學者聯合發表論文，露骨地為七一遊行「正名」，認為該系列的政治參與可以塑造公民的身份、認同和行為。這不禁讓筆者要問，參與遊行的這些人到底是要認同哪個國家？樹立哪種民主信念？

勿被「黃色民主」竊權

據科大早前的公開批評，可見 Y. Jane Zhang 涉及遊行實驗的研究計劃是一份「陰陽報告」。在曾經提交科大人類實驗道德委員會作審批的文字版本中，均沒有提及「引發參與遊行」及「參與者所獲的酬勞與參與遊行直接掛鈎」等環節

和方案設計。這無疑是將「學術自由自主」作了一個自欺欺人的「障眼法」，拿着香港人的公帑為黑暴洗地，公然資助港版「顏色革命」。在美國國家民主基金會或明或暗的資助下，「學術」聖地早已淪為了跨國反華政治勢力的藏污納垢之地，成為了公然挑戰國家安全和香港和諧的內在威脅。

國安法的出台實施，確實是讓部分「黃色學者」逃了、匿了、怕了。但是，這同時也提醒我們，只有將關於國家和香港的學術研究的主動權和話語權牢牢地掌握在自己手裏，才能打敗暗黑勢力的學術污衊和挑釁。

香港的院校向來有崇尚歐美的學術傳統和理念的習慣，但這不能成為香港要把自身研究「過渡」給歐美的主要原因。如何樹立香港學術研究的自信，將關乎到香港不至淪為「黃色民主」實驗室的重要前提，而基本法與國安法更將是樹立香港學術自信的重要保障。

大公報 | 2021-06-08 報章 | A12 | 評論 | 焦點評論 |
6 月 9 日 | 中通社《香港新聞網》轉載

「毒蘋果」落地砸中了誰的腳？

6月17日，警方國安處搜查《蘋果日報》，拘捕了5名壹傳媒高層，指控他們涉嫌違反香港國安法第29條「串謀勾結外國或境外勢力危害國家安全罪」。在警方封鎖搜查壹傳媒大樓的同時，《蘋果日報》相關的三間公司的資產，也悉數被保安局依法凍結，涉款1800萬港元。

禍港惡行罄竹難書

眾所周知，《蘋果日報》因其荒謬偏頗的立場，逢中必反的姿態，混淆是非的惡行，早已在坊間得了「毒蘋果」的諷刺罵名。國安處這次雷厲風行的行動，透露出一個強烈的信息，這一個禍害香港、分化民眾、撕裂社會的「毒蘋果」再也留不得，要連根拔起清理掉。

警務處處長鄧炳強4月出席「全民國家安全教育日」活動時，就嚴厲指責和不點名批評《蘋果日報》一直輸出「誤導、炒作、不盡不實的報道」分化人心，挑起社會的仇恨。並表示，警方在過去一年已向該媒體發出約130封信，對其誤導、失實的報道作出投訴、澄清、及直斥其非。又不點名批評黎智英，指他所控制的媒體，不停用誤導、炒作、不盡不實的報道，分化人心、挑起對香港、對國家的仇恨。

鄧炳強亦曾不點名批評《蘋果日報》「生安白造」，強調任何人犯法，不論是用任何身份或背後有多強的勢力，只要有證據，警方就會拘捕。

「毒蘋果」的賣港惡行可謂罄竹難書，而其領頭人黎智英更是十惡不赦。第一宗罪便是與西方勢力勾結，建構香港黑金網絡，為境外勢力干預香港事務，危

害國家安全。自 2019 年起，《蘋果日報》先後刊登過數十篇文章，呼籲境外勢力制裁中國和香港特區。「毒蘋果」以「新聞自由」為擋箭牌和護身符，煽動一些市民的反中央、反特區政府情緒，跪舔西方政治價值，完全無視香港社會的現實，甘願為反華勢力的「發聲筒」，公然叫板分裂國家主權。

6 月 15 日，《蘋果日報》副社長曾經發了一封措辭曖昧的「給讀者的信」，聲稱該報的堅持正是香港人自身的堅持云云。「毒蘋果」喜歡自作多情，自我加戲，自我煽情，這早已是其報寫作的三大筆法。

其第二宗罪便是製造假新聞，煽動青年參與暴力活動，推動「港獨」進入校園。「毒蘋果」堪稱製造假新聞的「軍工廠」，在黑暴時，製造假新聞的手法發揮得淋漓盡致，炮製了數篇抹黑警方的所謂「報道」。2019 年 10 月 6 日，藝人馬蹄露經過旺角時遭到暴徒的襲擊，頭破血流，第二天，「毒蘋果」恬不知恥地在視頻上做手腳，製造馬蹄露先行傷人的假象。

在校園販賣「港獨」無異於在校園販毒，一個是實質的毒品，一個是精神的毒品，毒性發作都是一樣的後果。2020 年 8 月 14 日，即黎智英父子、多名壹傳媒高層及周庭等人被拘捕後，香港大學學生會斥 18 萬 8 千元的巨資，在《蘋果日報》上刊登了一則家書式的廣告，以聲援被捕人士。由此可見，不少大學學生會都是「毒蘋果」的合作夥伴，在反中亂港的道路上互為掩護，彼此聲援，兩者皆是中毒已深。

反華賣國自取其辱

其第三宗罪便是「毒蘋果」昭示出的「賣國心」、「反華心」。《蘋果日報》披着新聞機構的羊皮，實為外國勢力的馬前卒，為了贏得主子讚賞而肆意妄為。6 月 14 日，美國「共產主義受害者紀念基金會」授予壹傳媒創辦人黎智英「杜魯

門—里根自由獎章」，肯定其對「香港自由和民主價值的維護和貢獻」云云。這份「惺惺相惜」的「認同」恰恰暴露出，黎智英和「毒蘋果」與歐美反華分子是同一條船上的螞蚱。

當國安之劍亮起，「毒蘋果」落地時，能否砸醒那些妄想以「公民、自由、人權」為藉口的「黃色傳媒人」：「文責自負」不僅是要負責文字本身的真實性和合法性，還要對由文字引起的事件負責。當「毒蘋果」落地時，是否可以砸疼那些境外反華分子，當他們以「人權」為藉口，抹黑、攻擊中央和香港特區政府時，這棵被連根拔起的「毒蘋果」，可否砸穿他們的醜惡嘴臉，讓他們自食惡果，自取其辱？

大公報｜2021-06-22 報章｜A12｜評論｜焦點評論｜

破校園「獨」瘤 立大學「新木色」

　　香港大學針對學生會評議會「感激」「哀悼」刺警案兇徒，美化暴力的行徑，7月13日宣布不再承認港大學生會的地位。另外，繼港大、中大、城市大學後，理工大學亦決定在新學年起不再為學生會代收會費。其後，嶺南大學宣布即時停止代表學生會收取會費。這一舉動無疑是另一種不承認學生會，其代表性亦大大下降。

高校踏出重回正途第一步

　　可以說，從香港回歸後，被譏稱為「暴徒培養皿」和「黃絲」聚集地的香港高校學生會，其身份和角色問題一直沒有得到適切的處置，使之在所謂的「社會運動」期間，異化成為危害香港繁榮穩定的「腫瘤」，亦成為了「港獨」思潮入侵校園的一扇「自由門」。「黑化」「獨化」的學生會，窄化了校園的交流渠道和氛圍，使得原本多元、自由的校園，淪為「港獨」的一言堂，不單肆意打壓愛國愛港學生的聲音，更成為挑釁中央和特區政府的「港版顏色革命」基地。

　　自2019年黑色暴亂爆發以來，針對學生會的沉疴弊端，筆者不止一次地撰文強調，「暗獨」難防，人心難塑。香港高校已經到「非管不可」的地步，也是最值得、最應該加快推展國安法教育的地方。尤其是一些高校管理層，面對學生在大是大非原則前的模糊和退縮，往往不敢亮劍、避重就輕。當學生會做出反中亂港、「港獨」的言行時，常常是以「程序不合格」的批評收尾，這使得部分學子不思改悔，自以為是，認為學生身份是他們鋌而走險的保護盾，以為高校會一直為他們的錯誤和幼稚而埋單。

從科大學生會與《蘋果日報》同流合污，以千價版面費為周梓樂「喊冤」，到港大學生會辦「獨」展覽為黑暴招魂，再到理工大學學生會民主牆事件⋯⋯香港高校的學生會之惡行，實在令人哀其愚昧。

所謂不破不立，高校與學生會公開的割席，是「破」，是不再承認學生會是高校學生唯一代表組織的表態。但是，「破」容易，「立」艱難。在割裂學生會運作內嵌於高校機制的間隙，校園的政治真空又應該如何避免再次淪落為其他「港獨」社團組織的「自留地」，這是當下校園清理「『獨』瘤」的關鍵。

香港的高校學生會大多是獨立於大學的註冊團體，自負盈虧，校方在一般情況下很少或者說很難直接干預學生會的運作。而正是因為學生會高度的「自治性」和財政「自主性」，這使得學生會往往容易遭遇到政治金錢的誘惑和煽動，成為反中亂港分子以黑金打通校園暗道的關鍵節點。

加快推展大學國安教育

所以，對校園學生團體和組織的基本政治審查可謂是有十分之必要。學生會本身是青年學子邁入社會，進入參政議政階段的一個「模擬平台」，是培養當代公民必要政治素養的「演練場」。香港社會之議題，國家民生之大事，自然是可以談，可以辯，但這些言論都必須遵守「一國兩制」的基本原則，不能與維護國家安全和香港穩定的大前提相齟齬。其次，為了保證高校言論環境的多元、自由，應鼓勵學生組織的多樣性和豐富性，取消學生會徹底凌駕於其他學生組織之上的地位和權力，這樣才不會使得學生會成「一家獨大」的校園之「霸主」。

如今，國安法落地生根一年，成為了香港穩定繁榮的定海神針，可以說為高校學生會重返正路，立了一個方向，定了一個軌道，成為學生會自我革新的出發

點和落腳點。當高校領導層終於理直氣壯邁出了與學生會割席的第一步,那麼擺在高校面前的第二道大題便會是,如何引導和規範學生團體在「一國兩制」的基本框架下,進一步增強高校學生愛國愛港之熱心,民族認同之自覺,這或許是建構新時代香港高校的建設性方向所在。

大公報 | 2021-07-20 報章 | A12 | 評論 | 焦點評論 |

7 月 20 日 | 中通社《香港新聞網》轉載

7 月 20 日 |《紫荊》雜誌轉載

美方制裁的蠢與惡
政治陰謀的黑與白

7月16日，美國財政部將七名香港中聯辦副主任列入所謂的「制裁」名單。與此同時，美國政府呼籲在港美國企業，警惕香港在香港國安法實施後，經營環境所要面臨的法律、金融、制裁和數據安全的風險以及新聞自由度和透明度的下降。這份警告由美國國務院、商務部、財政部與國土安全局共同發出，本質上是延續和強化了前總統特朗普取消香港在商業和簽證方面的特殊待遇的「新冷戰」政策。總統拜登更發出聲明：「香港的情況正在惡化，中國政府沒有遵守其關於如何處理香港的承諾」云云。美國這一波操作，從表面上看似「猛如虎」，實則是一次無理取鬧、無恥叫囂的「乏力回天」之舉。

美國的蠻橫無理向來是世界出名。美國的新冠疫情至今累計錄得3444萬宗確診、超過61萬人死亡，但美國媒體《彭博社》早前發布新一期全球抗疫排名，美國竟然排名第一，成為全球第一抗疫大國，疫情已基本受控的中國卻排名第八，這反映出美國向來目中無人。這場鬧劇在中國外交部發言人僅能以「呵呵」二字來回應。

而這一次，美國「義正辭嚴」的「制裁」，表面上是為香港發聲，實際上是抹黑中國、挑戰中央對香港特區的全面管治權。早在今年5月，香港美國商會就開始唱衰香港，聲稱325家成員企業中，有超過40%考慮或有計劃撤離香港。其主要的原因便是出於在香港國安法實施後，部分企業對香港社會未來走向的不安與悲觀云云。然而，香港美國商會近日突然轉口風，會長早泰娜呼籲在港美企重

新看待這次商務警告，並且強調了香港作為中美貿易的橋頭堡的地位。商會自我打臉，與美國政府唱反調，其背後利益瓜葛和政治博弈亦是讓人一目了然。

香港美國商會與美國政府的齟齬，本質上暴露出，美國政府的商業警告是毫無根據的惡意扭曲，是一場將政治凌駕於經濟的操弄。特別是，美國務卿布林肯在近日的聲明中強調：「一個健康的商業投資環境需要有透明法規架構，也須遵守法治」「中國官員過去一年有系統地破壞香港民主制度、推遲選舉、取消當選議員資格，北京削弱香港問責、透明管治和尊重個人自由的聲譽，違背香港高度自治五十年不變的承諾」云云。美國這張虛偽的「救世主」嘴臉，無疑是打着西方所謂「民主價值」的旗號，製造政治陰謀，渲染西方恐中反中的情緒，表態美國社會，展示其政治正確性。

維護國安無懼被美「制裁」

美國的「無恥」也是數一數二，有目共睹。美國對世界事務一直都是「管得寬」「盯得緊」。7月初，美國將 14 家中國企業與其他實體以「涉嫌在新疆侵犯人權與實施高科技監控」為由，列入了經濟實體的黑名單。且不論美國惡意捏造「新疆人權」問題的虛假報道，光是它對中國內政的「虎視眈眈」「念茲在茲」，足以可見其司馬昭之心，分裂中國之意。

而美國再一次對中央政府駐港機構官員進行「制裁」，也是延續了其反中亂港的一貫作風。從 1992 年出台的《美國—香港政策法》再到 2019 年實施的《香港人權與民主法案》以及《保護香港法》，美國這一曲「雙簧」唱得可謂是「左右逢源」，它不僅製造了美國關心香港社會和捍衛民主人權的「假意」，同時也進一步誣衊、抹黑中國。這麼一個自詡「自由民主」的國家，卻肆意地恫嚇他國官員，實行毫無道理的「制裁」，這難道不是霸權之行徑？

「蚍蜉撼大樹，不自量力」。今日之中國非昨日之中國，更不是百年前遭受屈辱而無力反擊的中國，美國「制裁」實際上是一場無意義、無結果的乏力之舉，因為中國不會對惡意的挑釁坐視不管，更不會任由「制裁」成為美國的「唯一武器」，而香港的社會環境和商業地位，更不會因為美國的幾個調查和幾條警告，就喪失自身的優勢。在一個和平年代，中國共產黨人為了維護國家主權、安全、發展利益遭受所謂的「制裁」，這不僅僅只是一種「光榮」，更是共產黨人在新時代的一種奉獻與犧牲。

7月23日，中國對美國作出「精準打擊」，外交部宣布對美國前商務部長羅斯等七個美國官員和實體實施制裁，批評美方炮製所謂「香港商業警告」，無端抹黑香港營商環境，非法制裁多名中國中央政府駐港機構官員，有關行徑嚴重違反國際法和國際關係基本準則，嚴重干涉中國內政，中方對此堅決反對，予以強烈譴責。由此可見，任何玩弄政治陰謀，顛倒是非黑白，反中亂港的行為，對今日的中國來說，都猶如螳臂當車，自不量力，最終必將在14億多中國人民用血肉築成的鋼鐵長城面前碰得頭破血流！

大公報 | 2021-07-27 報章 | A12 | 評論 | 焦點評論 |

7月28日 | 公眾號「獅子山下」轉載

7月27日 | 澳門《濠江日報》轉載

7月27日 | 中通社《香港新聞網》轉載

第四章

海思
貝拾

吳志斌語思：

　　網上聯署的行為在此前還只有 50 多萬人，但一夜之間，有超過 20 萬市民在網上聯署，這反映了市民對反對派遊行的強烈不滿，是對香港陷入危險的憤怒，對港府修補法律漏洞的支持。

　　這些沉默的大多數，他們沒有走上街頭，並非他們不支持修例，他們只是在冷靜的，默默的守護着香港，他們可能是被遊行影響的商家、可能是被遊行影響出行計劃的市民、甚至是那些載着參與遊行人士出行的司機。其實，他們才是香港民意的真實代表，是默默守護香港、守護家園的人。

　　十幾萬人不眠只為守護香港 70 萬沉默大多數才是真？

2019-06-09 | 15:02:06

　　以修例為引線，以亂港為手段，最終達致反中，破壞「一國兩制」的目的……認清「口罩黨」的背景與目的，我們除了聲明，譴責之外，還要勇敢面對，揭穿真相，更要動員為量，呼喚還在沉默的市民在今後的選舉中，選掉那些反中亂港的代理人，才能徹底淨化香港的政治生態，才能讓特區政府依法有效施政，才能彰顯「一國兩制」偉大實踐的優越性！（差旅途中，憂心香港，有感而發……）

2019-06-12 | 20:26:31

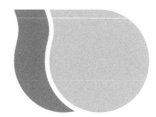

　　香港不應成為美帝與西方勢力的角力地,香港人特別是
青年更不應成為「炮灰」!一旦香港失去秩序,社會大亂,
以搞激進政治為職業的人可以用機會主義的方式變現自己的
收益。西方的政客們則都是看熱鬧的,幸災樂禍的。那種情
況下損失最大的將是香港市民們,他們將輸掉自己的人生。
而最心疼也最無奈的將是中華民族的這個利益共同體。我們
的結論是:決不能讓那樣的噩夢有機會在香港成為現實。

2019-06-13 | 09:02:03

撥開迷霧，揭露真相！重演5年前「佔中」的鬧劇，黑衣人，口罩黨，有組織，有保障，還有工資！這些是青年學生能做到的嗎??

2019-06-13 | 09:17:39

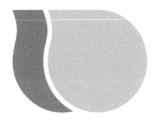

　　坐在會議室眺望尖東，無限感慨：美麗，繁榮，自由，民主的香港，曾經是中國大陸改革開放的前沿，聯繫西方世界的橋頭堡，現在則成了西方反華勢力反中亂港，顏色革命的「試驗田」……美麗與繁榮成為垂涎的目標，而自由與民主成為暴亂的藉口！可悲的那些自詡為「香港人」的群體，他們根本不知道只有做「中國香港人」才能挺直腰板，行走於世界，而只是「香港人」的話不是曾經被殖民，就是今天被利用！！

2019-07-19 | 11:53:13

　　《基本法》是 1990 年 4 月 4 日頒布的。《基本法》的附件三，規定了在香港特別行政區實施的全國性法律。截止到 2017 年 11 月 4 日，共有十三部全國法律由「香港特別行政區在當地公布或立法實施」。其中《中華人民共和國國徽法》，位列十三部法律的第八位，於 1997 年 7 月 1 日增加。這部法律的第十三條規定：「在公眾場合故意以焚燒、毀損、塗劃、玷污、踐踏等方式侮辱中華人民共和國國徽的，依法追究刑事責任……」。7 月 21 日，一小撮暴徒圍堵衝擊中聯辦，並故意玷污中聯辦門口的國徽，這是嚴重的刑事罪行，我們嚴正要求特區政府和警方對罪犯繩之以法，是完全正當的要求！凡有良知的中國人、香港同胞，都會要求政府、司法機關從速依法處理此暴行！不懲暴徒、天地不容！

2019-07-22 | 14:23:24

即使在殖民時代，英國人在香港啟用的都是華人精英，崇尚精英政治！才使回歸之後特區政府沿用了過去的公務員隊伍，甚至選用了公務員出身的人仕擔任特首！再看現在，美，英等西方反華勢力支持的亂港先鋒與主力的水平，便知其險惡用心與亂港目的，試問，如香港被顏色，這些骨幹如何成為香港的政治中堅力量？他們的主人們難道不知道這些廢青的水平？！

2019-07-28 | 10:18:36

　　原來口罩可能塗有大麻成分的精油，讓佩戴者亢奮並形成依賴，難怪「口罩黨」一些行為如此讓人匪夷所思！

　　2019 年 8 月 2 日早上，看到警方成功在火炭一個工廈單位搜獲兩把弓，六支箭，汽油彈和製造汽油彈的材料，更藏有大批〔大麻成分精油〕。（TVB 新聞）。

　　在此敬告各位家長朋友和青年人，千萬不要戴由別人提供含有大麻成分的精油口罩！否則後果十分嚴重。

2019-08-02 | 10:03:49

　　口罩黨今天計劃作亂的幾個地方，至今惟有北角仍正常行車，廣大福建鄉親自發聚集在人行道上，守護家園，個別「探子」一被發現，不是「丟盔棄甲」，就是莫名其妙地「滿嘴血牙」……駐守的警察只能不斷呼籲鄉親保持克制。傍晚時分，據說有一、二百口罩黨聚集在天后往北角方向東張西望，最後也不敢踏入北角！警察為防不測，在炮台山的英皇道架起路障。這班廢青也是欺軟怕硬，維園集會後原計劃是遊行（衝擊）北角的，但以福建鄉親為主的北角居民團結一心，眾志成城，他們只能轉向銅鑼灣、灣仔、尖沙咀搞亂！

　　團結就是力量！！北角福建人做了最好的詮釋！！

2019-08-11 | 20:54:32

　　昨晚十點起看卅二台直播，目睹兩位同胞被禁錮，被毆打，被污辱，援救警察被圍毆，警車被砸的全過程！一夜無眠，憤怒難平！！

　　友善文明的香港人被顏色，已斷層！

　　美麗祥和的東方之珠已隕落！！

　　法制這個香港的核心價值已動搖！！！

　　止暴制亂，嚴懲暴徒已刻不容緩

2019-08-14 | 09:18:53

提高警惕，保家衛港！

此時的葵涌，依舊車水馬龍，貨進貨出……祖國各地也正沉浸在歡度國慶的的各種喜悅之中。可此時的香港卻暗潮湧動，危機四伏，正面臨着回歸以來最嚴峻的考驗！未來 36 小時，相信所有留港的建制力量都承受着巨大壓力，所有熱愛香港的市民均捏着把汗，而香港警察正在等待着最殘酷的考驗……祈願天佑香港，安渡國慶。

2019-09-30 | 18:38:19

你被老鼠嚇成這樣，你對得起貓的身份嗎？

老鼠猖狂，都沒人敢來了，你對得起這份貓糧嗎？

貓界的臉都被你丟盡了……

最重要是：捉老鼠是你的天職，逃能逃得掉嗎？

2019−11−14｜00:15:20

文評武論

人民解放軍以最好方式呈現在香港人面前！！

所有的反中亂港勢力都在期待着如何妖魔化人民解放軍，今天的這一切一定讓他大跌眼鏡，大失所望！

2019-11-16 ︱ 17:08:07

　　選前我在一些場合的發言都說「做最壞的打算，盡最大的努力，爭取最好的結果……」也曾經有人建議我把第一句略去，雖然我堅持了整句的完整性，但當時我心中認為的「最壞」也不是這個結果！

　　再看具體勝出者的得票率，我們認為的我四彼六的大盤基本不變，變得只是各區的壁壘分明得如此均勻，我們已沒有了某些優勢地區了，連戲稱的「解放區」實際也是「空心化」了！

2019-11-25 | 07:25:05

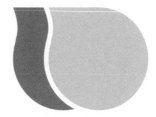

文
評
武
論

　　一場選舉並不能從根本上改變香港社會的面貌，無論反對派與西方社會怎樣沆瀣一氣，都改變不了香港是中華人民共和國的一個特別行政區這一客觀事實，都改變不了香港同胞愛國愛港的信念信心。在這至暗至灰的關鍵時刻，道路是曲折的，前途是光明的。每一個愛國愛港的香港人依然要相信光明，不洩氣，不抱怨，不灰心，知恥後勇反求諸己，臥薪嘗膽重新出發。繼續發揚獅子山精神，讓香港明天更美好。

2019-11-25 | 10:29:54

從暴徒的排兵布陣上看，明白無誤地顯示，暴徒是有指揮、有策劃、高度軍事化運作的暴力團隊；從暴徒強佔理大的時間節點看，更是無縫隙地附合了美國的政治算盤！

2019-11-30 | 12:29:58

香港依舊迷人。

一小撮「漢奸」改變不了香港的地位，也阻擋不了香港前進的步伐，更動搖不了大多數香港人愛國護港之心！

2019-12-13 | 16:18:13

駱主任的安徽情結，深刻寓意！

迎客松：香港永遠喜迎天下客⋯⋯

鐵畫：「一國兩制」，如鐵錚骨，如畫美麗⋯⋯

2020-01-06 | 14:36:23

文
評
武
論

　　不管什麼樣的政治光譜，都應形成這樣的共識，認同一
國、珍惜兩制，是香港同胞的福祉所繫，也是香港明天的希
望所在。

2020-01-15 | 21:07:36

口罩，罩不住「港毒」！

普通港人一罩難求，那些港毒又從哪能一車一車地獲得

呢??

香港的口罩，太多了……

2020-02-16 | 01:30:22

文評武論

　　稍長一些，但很值得一讀！在香港，民主為何成為抗共的盾牌，繼而成為「港獨」的武器⋯⋯更值得深思！退讓與不作為（含亂作為與假作為）變成了亂港派的滋生與成長的土壤！

　　在香港，「愛國」與「民主」為何看似水火不容？─梁韋諾

2020-04-30 | 17:20:27

〔後記〕

在辛丑年即將結束之際，我收到了出版社關於《文評武論》一書即將付梓的消息，一時之間，欣喜有餘，亦有萬千感慨。

我出生於一個深耕教壇的歸僑家庭，父親下放至閩北山區，一生奉獻於閩北的教育事業，因此閩地山水遂成為了見證自己出生和成長的故鄉。自小對文學的創作，我便有天然的興趣和熱情，在小學開蒙受教期間，我的作文屢屢成為班級黑板報上的範文，在各種徵文比賽中亦常有斬獲。記得小時候我根本不需要家裏給購買新的筆盒，因為每次作文獲獎的獎品便足以讓我有「富裕」的文具供應使用。中學期間，我便開始嘗試小小說及詩歌的創作，雖未曾發表，但也在好友朋輩間廣有聲名……然而，高中畢業之後，陰錯陽差，開啟了南下香江進而扎根工作的漂泊人生。而與此同時，因為工作和謀生的需要，自己對於文學寫作的愛好，也只能悻悻暫罷，輾轉於商賈稻梁的案牘之間。

多年耕耘，又躬逢盛世，趕上了國家改革開放和高速發展的好時期，我個人也取得了一些微小的事業成就，但飲水思源，隨後就將自己的重心轉移到了社會工作、慈善公益以及中國茶文化的傳播推廣之上。日子雖不是富裕風光，也算是衣食無憂，又有好友一路相伴，貴人相持，自有一番逍遙自在與幸福。可是，每次閱讀到讓自己怦然心動的文章，無論是抒情美文還是政治評論，在我平靜無波的心田中總會泛起陣陣漣漪，繼而湧起一絲淡淡的憂愁和遺憾。只有自己內心清楚，寫作依舊是我牽掛和憧憬的那一縷白月光。

九七回歸是香港的重生，「一國兩制」的實踐讓人看到了新的希望，但自2014年「佔中」運動爆發後，香港開始進入了回歸之後不平靜的日子。直至2019年黑暴運動持續廣泛地爆發，往昔的城市美好風雨飄搖。2019年6月9日，民陣

發起反對修訂《逃犯條例》的暴力游行，這是風暴運動的一個小點，自此之後，這場社會運動越演越烈，而我們的憂患之情亦是與日俱增。數十年的漂泊和扎根，早讓我對香港產生了故鄉的溫情，家園的深情。我依舊還記得那一個夜晚，在電視前看到這個城市的撕裂和扭曲，心痛和悲憤，油然而生。我對事態發展的關注，讓我不由自主地深入到第一線去感受、觀察和記錄。動情之餘，時不時借助着微信朋友圈，就事態變化寫下自己的感悟，發出自己的感慨。伴隨着自己對事態思考越來越深入，與朋友前輩以及與新聞界朋友交流也越來越頻繁。大公文匯集團的姜在忠社長首先關注到我在微信上隻言片語的評論，鼓勵我將這些瑣碎細微的感慨寫成文章。既有未圓的文學夢，又有貴人的扶持和鼓勵，我便拿出「初生牛犢不怕虎」的勇氣，嘗試開啟自己的報刊寫作之旅。2019 年 9 月 9 日，我的第一篇評論得以正式「出道」，得到了重點刊發，這一個高起點的開始，不僅給了我自信，更是讓我兒時的文學夢萌發新芽。但是，2019 年的時候，因為需要去各地公幹，出稿的頻率不固定，數量也不多。2020 年，一場突如其來的新冠疫情，將自己困在了香港，出不去，也飛不了。如此「不自由」的身體限制，卻造就了我「自由」寫作的文字空間，也更促使自己有機會靜下心來，比較有規律性地看書，觀察社會，發文章，關心香港，直至後來在《大公報》上，開闢了自己的寫作專欄「焦點評論」。這便是這本評論集的一段前緣故事吧。

在定時交稿的過程中，不少前輩、好友以及領導，都有關注到我的文章，給予了我莫大的幫助和鼓勵，讓我越來越有自信，但是定期寫專欄非我本行，也有一些不足為外人道的困難與「窘迫」。畢竟自己文字功底淺顯，又加之久未動筆，理論基礎也比較欠缺，每次寫作都要「正襟危坐」，思考許久才得以下筆。好在現在科技發展，搜索工具的進一步提升，也讓自己在寫作爬梳資料的過程中，減輕了不少的負擔。此外，我還要特別感謝在校讀書的一些大學生們，他們不僅是

我長期素材的提供者，也是我觀察校園，走進香港年輕一代心理的一扇窗戶。在長期的交流和關懷中，他們成為了我的負責社會事務工作校園關注組的骨幹群體。

　　寫作，是我所有所做過的工作中最辛苦的，由「思軋軋其若抽」到「翰鳥縈繳」，其間經歷的糾結和壓力只有我自己知道，好在我現在已經初嘗蔗甜，找到了自己寫作的定位和風格，使得當下的寫作更有了一份從容和篤定。今天能出這本書，與其說是彌補過去的遺憾和虧欠，倒不如說是一次自我價值的重新尋找和再次出發。這種喜悅和興奮，勝過了數十年前，我在香港賺到的第一桶金。獨自坐在窗前，細數往昔，在寫作成文的一年多中，我感謝所有的支持和鼓勵，是這些正面的肯定讓我繼續堅持下來，也成為了我筆耕不輟的動力和源泉。感謝全國政協常委周安達源為書名題字；感謝大公文匯傳媒集團姜在忠董事長為本書作序；感謝大公文匯傳媒集團李大宏總編輯的不吝賜教，給力支持；感謝《點新聞》黃曉敏總編輯、《大公報》潘江鯤副總編輯一年多來每周的扶正與交流；感謝大公出版社的盡力費神地堪對，感謝香港都會大學創意藝術系同人的細心協助……太多太多的感謝！我只希望，這本還顯淺薄的評論集，可以為在香港的定居者和來自遠方的異鄉人，提供一個觀察和了解香港的視角，來更進一步理解我們香港這個家園。

　　最後，我還要特別感謝我的家人的溫暖陪伴與支持，尤其是我的小女沉珊，她下班後隨時都要將我潦草的字跡書寫，轉為打印正稿，每周日在電腦上多次再修改潤色，轉換成電子文本。這本書若沒有她的付出和參與，是萬不能呈現在大家面前的。

吳志斌

2021 年 11 月 6 日於香港愛琴灣寓所

書名：《**文評武論**》第一冊

作　　者：吳志斌

責任編輯：嚴中則　　劉慧華
裝幀設計：陳汗誠

出　　版：大公報出版有限公司
　　　　　香港仔田灣海旁道七號興偉中心 29 樓
電　　話：2873 8288

發　　行：香港聯合書刊物流有限公司
　　　　　香港新界大埔汀麗路 36 號中華商務印刷大廈 3 字樓
電　　話：2150 2100

印　　刷：高科技印刷集團有限公司
　　　　　香港葵涌和宜合道 109 號長榮工業大廈 6 樓

版　　次：2021 年 12 月初版

國際書號：ISBN 978-962-582-082-8

定　　價：港幣 138 元